特色学校聚焦丛书　**丛书主编　杨四耕**

让个性自然
发荣滋长

"引发教育"的
理论寻源与实践探索

陈剑钰◎著

华东师范大学出版社

·上海·

图书在版编目（CIP）数据

让个性自然发荣滋长："引发教育"的理论寻源与
实践探索／陈剑钰著. — 上海：华东师范大学出版社，
2022

（特色学校聚焦丛书）
ISBN 978 - 7 - 5760 - 2600 - 9

Ⅰ.①让… Ⅱ.①陈… Ⅲ.①中学教育-研究 Ⅳ.
①G63

中国版本图书馆 CIP 数据核字（2022）第 029606 号

特色学校聚焦丛书
让个性自然发荣滋长："引发教育"的理论寻源与实践探索

丛书主编 杨四耕
著　　者 陈剑钰
责任编辑 刘　佳
项目编辑 林青荻
特约审读 欧阳枫琳
责任校对 桑林凤　时东明
装帧设计 卢晓红

出版发行 **华东师范大学出版社**
社　　址 上海市中山北路 3663 号　邮编 200062
网　　址 www.ecnupress.com.cn
电　　话 021 - 60821666　行政传真 021 - 62572105
客服电话 021 - 62865537　门市（邮购）电话 021 - 62869887
地　　址 上海市中山北路 3663 号华东师范大学校内先锋路口
网　　店 http://hdsdcbs.tmall.com

印 刷 者 浙江临安曙光印务有限公司
开　　本 787×1092　16 开
印　　张 12
字　　数 138 千字
版　　次 2022 年 3 月第 1 版
印　　次 2022 年 3 月第 1 次
书　　号 ISBN 978 - 7 - 5760 - 2600 - 9
定　　价 38.00 元

出 版 人 王　焰

（如发现本版图书有印订质量问题,请寄回本社客服中心调换或电话 021 - 62865537 联系）

好学校的性格色彩

这些年,我与中小学、幼儿园有许多"亲密接触"。从这些学校中,我发现了一个"秘密":好学校总有自己的性格色彩,总有自己的精神属性。

好学校有丰富的颜色

好学校一年四季都有风景。春天,你走进它,有各色花儿,红的像火,粉的像霞,白的像雪。夏天,你置身其中,绿草茵茵,就算骄阳似火,也有阴凉。孩子们可以踢球、打滚,可以任性。秋天,你老远就可以看到,枫叶红了,橘子黄了,婀娜多姿;冬天,你靠近它,香樟绿环绕着你,垂柳枝笼罩着你,你不会觉得单调。当然,环境的价值不在于"装扮",而在于让心灵沉静,让生命多彩。它是生命哲学的演化,是内心深处的讴歌与赞美。法国思想家卢梭说教育的核心是"归于自然"——回归"自然状态",回归人之原始倾向。善良总存在于纯洁的自然之中。好学校总是拥有自然的纯净与原始美,它努力让孩子们与美好相遇。静谧,美好——好学校是温润的。

好学校有足够的成色

成色是衡量一所学校教育境界的一个指标,是一所学校的"育人"含金量。如果一所学校的含金量定位为考试成绩,它的成色就是混浊的;如果一所学校的含金量定位为立德树人,它的成色就是清纯的。黎巴嫩诗人纪伯伦说过:"我们已经走得太远,以至于忘记了为什么而出发。"教育是为着我们不曾拥有的过去,为着我们不曾经历的当下,为着我们不曾想到的未来。教育之原点在激发想象,而不仅仅是学习知识;教育之原点在发展理性,而不仅仅是讲授道理;教育之原点在鼓励崇高,而不仅仅是理解规范;教育之原点在丰富经历,而不仅仅是掌握技艺;教育之原点在温暖心灵,而不仅仅是强化记忆;教育之原点在强健身心,而不仅仅是发展智能;教育之原点在点亮人生,而不仅仅是预知未来。回归原点,是好学校的立场。不功利——好学校是纯粹的。

好学校有优雅的行色

优雅是让人向往的,有来源于生命本身的气质。每一个人都行色匆匆,孩子们被课业压得喘不过气来,教师被成绩比较而形成优劣阵营,这样的学校就不会是一所好学校。什么是好学校?孩子们表情舒展,教师们精神敞亮——每到一所学校,我总喜欢以这样的眼光去观察师生的生命状态。我发现,在好学校,孩子们的脸总是明晃晃的,有美好期待;教师的行色总是从容优雅,有专业自信。女孩子沁人心脾,男孩子风度翩翩,生命在人性层面焕发出动人光彩。一句话,每一个生命都自然而然地生长,这里有一种难以言说的气息在校园里弥漫开来、传播出去。面对此,我只能说:好学校是舒展的。

好学校有鲜明的特色

办学特色是一所学校整体呈现出来的系统性特征,集中表现在基于学校文化的课程体系。学校办得好不好,不在于规模有多大,而在于特色是否鲜明,是否有足以体现自己文化的课程架构。好学校行走在有逻辑的课程变革之路上,努力让学校课程富有倾听感,关注学生的学习需求;拥有逻辑感,建构严密的而非拼盘的课程体系;嵌入统整感,更多地以整合的方式实施而非简单地做加减法;饱含见识感,以丰富学生的学习经历为取向;提升质地感,课程建设触及课堂教学变革,课堂教学呈现出新的文化样态。一句话,好学校课程目标凸显内在生长,课程内容突出学习需求,课程结构强调系统思维,课程实施张扬生命活性,课程评价与管理彰显主体向度。好学校关注学习方式的多变性和场景性、学习时间的灵活性和可支配性、学习空间的多元性与舒适性、学习资源的丰富性和易得性,让所有的时空都成为课程场景,让孩子们学习作品的形成、展示、发布、分享成为校园里最美的景观,让时空展现出生命成长的气息和灵动。是啊,好学校有生命里最美好的记忆。

好学校有厚重的底色

厚重的底色不在于办学时间长短,而在于拥有强烈的文化自信。进入学校,我喜欢看墙上的"文字"。多年经验告诉我,文化不在墙上,很多时候,墙上的文字越多,学校的文化含量越低。道理很简单,大量文字堆放在墙上,说明这种文化还没有被老师们普遍认同,更谈不上内化于心、外化于行;说明这种文化还缺乏影响力,还没有被大众广泛接受,需要宣示和传播。一所学校是否拥有自己的教育哲学,是否拥有自己的教育信仰,是它"底色"如何的重要侧面。毫无疑问,好学校应该有自己的教育信仰。但是,教育信仰不是文字游戏,不是专家赐予的东西。信仰是从内心深处生长出来的,是从脚底下走出来的,是从指尖流淌出来的,是慢慢地生长、慢慢地走出来、慢慢地流淌出来的东西。唯有"慢慢地"才能"深深地","深深地"才能"牢牢地",扎下根来,进入我们的灵魂,融入我们的血液,成为我们生命的构成,成为我们前行的力量。文化总是无言或少言,但让人作出判断和选择。好学校,你一走进去,一种向往感、追慕感、浸润感便油然而生。因此,好学校是柔软而有力的。

美国思想家梭罗在《种子的信仰》一书中把好学校比喻为"一方池塘",每一个孩子在其中如鱼得水,自由自在,这就是"回归自然"的状态。不是吗?好学校总是这样的——温润,纯粹,舒展,美好,柔软而有力——这也是本套丛书聚焦的一批学校的性格色彩。

杨四耕

2019 年 5 月 30 日于上海市教育科学研究院

目 录

第一章　"引发教育"的文化脉络

"为求自由的生活,为求理想的教育。"立达学园创办者基于自愿协作,对理想的追求及坚强的意志,于1925年创建了立达学园。学园以"己欲立而立人,己欲达而达人"(《论语》)为校名及办学宗旨。虽然学校经历过动乱失守、改体改制、生源滑坡等跌宕沉浮,但是今天的立达依然坚守育人初心,永葆育人情怀,践行育人使命,延传办学智慧,引发深化,立己达人。

第二章　"引发教育"的理念图景

教育是"引发",是使学生个性自然发荣滋长。立达中学以"立己立人,达己达人"为校训,坚信人人生而平等,尊重个体差异,引发学生自主发展。教师把教育视为虔诚信仰,以全人格影响学生,实施人格感化与爱的教育,启发鼓励,自觉自主,互助探究,发展智识,解放天性,使学生成为一个个生动活泼的人。可见,学校是一个美好的存在,也是引发人走向美好的地方。

第三章 "引发教育"的德性谱系

"赤子护心越百年,化雨春风正绵延。"如果没有爱,学校便是无水之池。且将诸君情之水,引入此间满池塘。在爱与感化的德育鹄的之下,立达中学采用"以爱理人、以礼达人、以理觉人、以美化人"的德育路径落实五育融合,采取"五统一、五结合"模式,形成"三结合"的育人格局,引导和帮助学生自主管理与德性成长。

第四章 "引发教育"的课程建构

为建构与"让学生个性自然发荣滋长"相匹配的课程,立达中学迈向了培养个性发展的课程转型之路。学校树立了"多元与艺术之融合,全面与个性之共生"的课程理念,构建了基础广博、自主选择、整合共荣的课程体系,实施多样化、多途径、多形式的"引发教育"课程,建构多元立体式课程评价,引发学生走向深度学习、宽度学习、创新学习、体验学习。

第五章 "引发教育"的教学转型 / 75

"引发教育"关注教学转型,打造活力课堂,全面促进教学形式与学习方式的转变。从关注"引导启发,合作帮促,精讲精练,即时评价",到"自主预习,合作帮促,达标检测,归纳总结,多元评价"的教学流程转变,再到突破瓶颈,提供技术支持,最后到教师对真课堂真问题的创造与研究。"引发教学"引发全程育人、全科育人、全面育人"静悄悄地变革"。

第六章 "引发教育"的特色培育 / 117

学校特色不仅是以往的积淀,更是学校自我发展的主题。"艺术引发、立己达人"既是学校传承,也是区域发展、学生成长的需求,更是扬其所长、滋长个性的教育追求。在继传统、求创新的办学思路的引领下,学校从目标、内容、路径、资源、支持、评价等方面形成了"艺术引发、立己达人"的特色哺育之路,形成了特色实践经验与辐射引领效果。

第七章 "引发教育"的管理变革 / 137

立达先贤倡导无为而治的教育管理,除了育人之外别无目的。基于"引发教育"的管理的根本目标是人的思想,立达中学尊重师生天性,重视人文精神,创建民主、平等、和谐的人文关系,用共同愿景与一致思想来引领学校发展,发挥个人优势,推行自主管理、目标管理、过程管理,实施人性化、规范化、个性化、分布式管理。

后 记 / 157

序　一

立教育初心，达教育梦想

教育是培养人的事业，是面向未来的基础工程。习近平总书记指出，社会主义建设者和接班人既要有高尚品德，又要有真才实学。这是在新时代、新形势下，对社会主义建设者和接班人提出了新的更高要求，既包括思想品德、知识学识、创新能力、动手能力，也包括身体素质、艺术修养、人文气质、劳动技能。在新的时代，我们重提"五育并举"有着特别的意义。"五育并举"包括德智体美劳的全面发展，是指具有高尚的品德、创新的思维、健康的体魄、良好的审美、劳动的习惯。在当下谈"五育并举"思想，具有鲜明的时代性。这么一个并不新鲜的话题为什么具有鲜明的时代性呢？这和我们当下教育发展的状况有着密切的关系。如今教育发展不平衡的现象还非常明显，区域之间，城乡之间，在同一个区域中的学校与学校之间，以及在学校内部不同学生之间，发展不平衡的现象非常普遍，在"五育"层面，教育发展也存在着短板和弱项，存在着"重智、轻德、弱体、抑美、缺劳"的问题。

中学阶段是人生的重要阶段，中学教育是国民教育的重要组成部分，普通高中教育在中学教育中占有重要地位。2019 年印发的《中国教育现代化 2035》提出"鼓励普通高中多样化有特色发展"；同年，国务院办公厅《关于新时代推进普通高中育人方式改革的指导意见》指出，到 2022 年"普通高中多样化有特色发展的格局基本形成"。"努力让每个人都有人生出彩的机会。"要全面提高每个普通高中学生的综合素质，促进学生德智体美劳全面发展，"不让任何一个孩子成为陪读生"。要在区域内推动不同普通高中学校形成各自的发展优势。通过整合课程、教学、评价、资源配置等更为综合的方式来推进多样化发展，逐步从分层办学走向分类办学，实现错位发展，让更多的学校成为有特色的优质高中，促进基础教育更加公平、更有质量。推动普通高中多样化特色发展，促进高中育人方式转变，是上海教育主动适应上海城市功能定位，服务区域经济发展，满足学生个性发展的重大战略选择。

教育是什么样子，明天就是什么样子。办教育不是立竿见影的，不能太功利，要有长远战略眼光，要绵绵发力，久久为功。未来在人才培养过程中应更多关注人自身全面而有个性的发展。其实未来已来,《中国教育现代化 2035》提出了推进教育现代化的八大基本理念:更加注重以德为先,更加注重全面发展,更加注重面向人人,更加注重终身学习,更加注重因材施教,更加注重知行合一,更加注重融合发展,更加注重共建共享。基础教育的发展要以育人为根本,构建全面育人体系,通过文化育人、实践育人、课程育人变革育人方式,培养更多德智体美劳全面发展的社会主义建设者和接班人。对标这些教育发展的指向与理念,我们就不能不关注到上海市松江区立达中学。

100 多年前,火烧赵家楼的壮举,点燃了中国近代爱国主义运动的熊熊烈火,为国家和民族的崛起送上了希望之光。被誉为火烧赵家楼第一人的匡互生,就这样被载入了中国近代革命运动的青史而永垂不朽。1925 年,匡互生偕同丰子恺、朱光潜、刘熏宇、陶载良等人,为实现自己理想中的教育追求与抱负,在上海创办了立达学园。校徽由丰子恺设计,校歌由李叔同创作。立达学园倡导"引发教育"和"爱的教育",在国内率先开展"人格教育""生产教育",曾引领中国基础教育改革。在随后的一二十年里,这里汇集了中国文化教育界的半壁江山。自此,中国现代教育史上出现了一个令人深思和惊奇的场景,它也成为一个取之不尽、用之不竭的教育资源和文化宝藏。这成为一个百思不倦的历史话题和命题。立达中学的发展历程是近代中国教育发展史,乃至近代中国历史的一个缩影,它很好地映照了教育发展的光影。立达中学在创校伊始提出的"引发教育",是对中国优秀传统教育思想与优秀成果结晶的自觉传承,同时也是在面对彼时中国社会问题丛生的教育界的应时思考与创举。

匡互生等人认为,教育不是向学生灌输知识,而应该是学生跟老师互相探讨;不应该单单让学生接受知识,而应该培养他们的理解能力、表达能力、创新能力、应用能力和研究能力。教育的真正意义是引发而不是模造,教育者的责任是使被教育者的个性自由发荣滋长。教育者决不能先制好一个模型,再将被教育者铸入那个模型之中,而要针对不同的学生,根据其不同的性格、特长、爱好,因材施教,以培养学生的创造力和卓越的品质。在立达中学,学校就要求学生不但要记住书本知识,还要在课本外自由研究、独立思考,以养成科学的头脑。他们认为只有自觉、主动、积极教育,才能造就兼具独立性、自主性和创造力等品质的有个性的人。

作为立达中学最重要的创办人之一,丰子恺一贯有着极强的艺术个性和艺术表现力,重视个性发展,培养学生的创造性和卓越的品质,在二十世纪二三十年代就有画家、散文家、书法家、文艺评论家的美誉。在艺术教育实践中,丰子恺反对艺术教育以训练艺术专业技术为主,而提倡艺术教育就是美的教育,就是情的教育,艺术教育的目的是培养学生艺术兴趣和审美情趣,不求学生创作出直接有用之画,但求其能涵养爱美之心,能用作画的一般的心来处理生活,对待人生,以修养健全人格。丰子恺和立达初创时期的教育思想和教育实践,对我国现代教育改革和发展起到了积极的作用,留下了宝贵的教育遗产和精神文化财富,为五四以后的新文化运动打开了一扇明亮的窗户,在当今大力推行特色培育和创建的教育改革中,仍有着重要的作用和巨大的影响。

校长是一个学校的灵魂,有什么样的校长,往往就有什么样的学校,而校长的教育思想、办学理念、对师生的态度等往往是校长办学的灵魂。陈剑钰校长作为教育部中学校长培训班第 47 期学员,经常向我交流他在办学过程中的一些心得和思考,他是一个有教育情怀和教育担当的人,有一股"咬定青山不放松"的韧劲和毅力。办好教育与学校,没有这样一种品质是做不好做不远的。他所领导的松江区立达中学,这十几年来,秉持着传承不泥古、创新不离宗的教育坚守和改革使命,致力于"双重转型",带领学校走向特色办学之路,坚守而执着地把特色学校深入推行,其所经历的特色创建四个阶段很好地体现了"立达学园旨趣"中的教育信条。今天的立达中学走到了一个关键的隘口,冲过去坦荡前途,缩步不前则安度荒年。陈校长不断强化自己的价值领导意识,不断推进自己的价值领导实践,不断提升自己的价值领导能力。注重把立德树人、规范管理的严格要求和春风化雨、润物无声的灵活方式结合起来,充分发掘各门课程中的德育内涵。这种价值领导具化在学校治理中,主要是办学哲学、办学理念、课程理念、教师与学生发展目标和学校发展定位等方面。"引发教育"不仅仅是立达中学的办学哲学,还进一步分化为引发教学与引发德育,二者均建构了适切于学校发展的基本原则和基本流程。教学是学校的中心工作,是实现育人目标的关键。提升校长的教学领导力,不仅是适应时代发展和国家教育改革尤其是课程改革的要求,是推进学校内涵发展和质量提高的需要,也是校长自身不断走向专业化的内在需求。

育人方式的改革任重而道远,中学育人模式创新已是箭在弦上不得不发,过程中会面临诸多阻碍,期待名校长们能够肩负起名校的使命担当,勇于探索,为实现更加公平更有质量的教育贡献智慧。教育是一门"仁而爱人"的事业,爱是教育的灵魂,没有爱就没有教育。这正如立达中学早期先贤夏丏尊在翻译《爱的教育》中所慨叹的那样,教育如果没有了情和爱,就像是无水之池、无情之心。对于这一点的深刻继承和践行,立达中学校门内侧的"教育之水"和"旨趣园"都是很好的诠释与见证。

立达人是有一团火的精神的，这团火生生不灭。不论是 20 世纪的筚路蓝缕与颠沛流离，还是在 21 世纪以来的转制轮回与双重转型，更不要说当下的特色办学之路。我想，立达人如果没有这么一盏灯与一团火的精神，是很难取得今天这样的骄人成绩的。这几年，我欣喜地感受和体验到了立达中学在推动育人方式变革上贡献了许多的智慧和实践。我期待着有更多的人来关注立达、支持立达，到立达来走一走、看一看、聊一聊，一定会给你带来不一样的惊喜和触动。

代蕊华

（作者系教育部中学校长培训中心主任，
华东师范大学教授、博士生导师）

序　二

坚持特色办学之路

党的十九大报告指出,人民日益增长的美好生活需要和不平衡不充分的发展之间的矛盾是我国社会的主要矛盾。与社会发展相适应,当下教育的主要矛盾则表现为人民对个性化教育的向往与工业化时代整齐划一的标准化教育之间的矛盾。尤其对优质、均衡发展态势下的上海城市教育而言,个性化教育是时代的趋势,是教育高质量发展的追求与家长、学生的期盼。

1925 年,立达学园(现松江区立达中学)在上海创立。立达中学历来就追求个性化教育,实行人格感化,教学方法上采取"诱发",践行王国维"全人教育"思想。在先贤丰厚的教育文化基础上,如今,立达中学坚守教育本真与学校历史积淀,倡行"引发教育"。"引发教育"作为学校办学哲学,其实施与表现即为个性化教育。

本书作者陈剑钰,自 2009 年起担任立达中学校长至今,本人作为其导师,对其颇为了解。陈校长是一位有理想、有情怀、有办法的校长。立达中学现在秉承引发教育哲学思想,以"让学生的个性自然发荣滋长"为办学理念,以"合作互助"为学校集体人格,以"立己立人,达己达人"为校训。学校把"办成继传统、求创新、创特色等若干方面在全市有一定影响力的历史名校"为纲领目标,以"多元与艺术之融合,全面与个性之共生"为全新的课程理念,实施"教学与课程"双重转型。教学转型以"引发教学"为突破口,对课堂教学的理念、方式、方法进行改进;课程转型以培育"引发艺术教育特色"为突破口,实施国家课程校本化、校本课程系列化,构建了引发艺术教育课程体系,深化落实"目标激励为导向、引发教育为策略、引发课程为载体、人文环境为氛围、信息技术为辅助、精细管理为手段、三群建设为保障"的工作措施,加强学校内涵建设,全面提高学生的科创素养与人文修养,全面提升学校整体教育教学品质,逐渐形成了独特的学校发展之路,成为一所社会闻名、家长称赞、学生向往的有着全新发展理念的中学。

上海市松江区立达中学的"引发艺术教育"特色高中的创建是一个不断审视自我、突破自我、创造自我的过程。学校落实立德树人的根本任务,深刻把牢"培养什么人、怎样培养人、为谁培养人"的教育根本问题。为使学生全面而有个性地发展,使其个性自然发荣滋长,激发自身优势潜能,坚持特色办学之路。作为一所普通中学,能够一路披荆斩棘、咬定青山,争取到市级展示,这是一个殊为不易的成绩。尤其可喜的是,学校经过以创促建,实现了低进口、高出口的可喜转变,连续九年实现高考录取率的节节攀升。学校形成完善的办学系统,形成了独具特色的七个"有":有对特色培育的认同,有清晰地办学理念,有明确的育人目标,有完善的育人机制,有多元的校本特色课程,有特色鲜明的师资队伍,有丰富多样的课程资源。即通过门类丰富的艺术教育,在艺术与生活、艺术与文化、艺术与科技等相关联的情境中,引发学生参与各艺术门类的学习和实践活动,获得适应未来社会和终身发展的艺术感知、创意表达、审美情趣和文化理解的艺术素养。把握艺术与科学之间的相通之处,发现和体验科学中的艺术美和艺术中的科学美,激发创造性思维,理解科学技术创造中的人文精神和人与自然的关系,培养德智体美劳全面发展而有科学与艺术相融合特长的社会主义建设者和接班人。

学校构建了融合引发艺术教育的必修课程、选择性必修课程、选修课程三类课程体系和总体框架。既包括国家课程校本化实施,又有校本特色课程群,九类校本特色课程群包括科技、美术、音乐、人文、体育、卫健、劳动、生涯规划、德育。九类课程群下又着力打造系列融合艺术教育的个性化精品课程。每个课程既独立自洽,又与艺术素养培育相互融通,做到自成一体、融通一体。校本特色课程又分为全体必修课、社团选修课、竞赛选修课;短课程、长课程。只要学生有选择需求,学校就有能力提供课程。

作为上海之根的松江,自古即是江南灵秀之地,艺术璀璨,翰墨飘香,创意迭出,创作满盈。既有"玉出昆冈"的云间二陆、"书画双绝"的赵孟頫与董其昌、驰名华夏画坛的"松江画派"、独领一代风骚的"云间书派",也有松郡棉布衣被天下、松江顾绣精工巧夺、"五教"荟萃九峰三泖。新时代的松江,提出了"科创、人文、生态"的现代化发展理念,学校周边弥漫着人文与科技之和谐,历史与现代共交织,艺术与科创相共生的气息与韵律。G60科创走廊、松江大学城、上海科技影都、仓城历史文化风貌区,醉白池与方塔园、泰晤士小镇与广富林文化遗址,这些地理坐标可谓距学校一步之遥。依傍于诸多历史与现代多重光影叠合,文化资源风韵绝佳的立达中学,必然要抓住时代的契机与良好的教育生态,聚焦融合科技的艺术教育,滋长个性特长,为松江区域性发展提供适切的人才支撑、智力服务和创新赋能。

陈剑钰校长通过这本书,系统全面地梳理了学校的创办历程和发展脉动,分析了学校特色创建和艺术素养的特色培育源流际会。结合学校的教学实践和经验，阐述了学校在"引发教育"办学哲学统领下，在课程、教学、特色、德育等实证研究与办学成果。在科学、严谨的研究精神下，在不懈的实践探索下，集众人之力，通过理论联系实践，进行梳理和总结，几易其稿，最后能够出版成书，这确实是一件值得令人欣慰和欣喜的事情。

我期待松江区立达中学能够不断推进学校办学水平提升，在特色创建过程中，取得新的成果，最终能有效地培养学生、成就老师、发展学校。

是为序！

仇忠海

（作者系上海市特级校长、特级教师，上海市第二届"教育功臣"）

前 言

教育的真义是"引发"

"引发教育"是立达中学在创办初期对教育真意追求之上明确提出来的教育哲学。"引发教育"对教育真意的挖掘与对教育理想的坚守,从起初作为一种教育理想引领学校发展,到聚焦于教学的"引发课堂"、课程的"引发课程"、德育的"引发德育"、学校管理的"引发管理",立达中学在"引发教育"的实践探索上,不断细化、深化、强化和优化。"引发教育"思想随着时代变迁,也在不断地自我更新,不断地挖掘深义,不断地提炼完善。

一、"引发教育"的渊源和办学引领

匡互生先生在《立达、立达学会、立达季刊、立达中学、立达学园》一文中指出:"教育的真义是'引发'而不是'模造',教育者的责任,是要使被教育者在能够自由发展的环境中,为之去害虫,灌肥料,滋雨露,使他们能够就他的个性自然发荣滋长。教育者决不能制好一个模型,叫被教育者都铸入那个模型中的。"①

在立达中学发展史上,学校曾一度陷入困境之中。为突破困境,能够提供给学生适合他们的教育,并使其在教育中得以成长,立达中学在诸届校长的带领下,不断寻觅与探索。2009年,学校在梳理学校先贤教育思想基础上,面对当时教育实况,把匡互生先生对立达办学定位的教育真意加以明确和强调,提出把"引发教育"作为学校教育哲学。

教育哲学是一所学校信奉的教育理念,它是学校共同体成员的教育信奉,其主要内容是学校的使命、愿景和育人目标。在我们看来,"引发教育"是一种个性化教育探

---

① 匡互生.立达、立达学会、立达季刊、立达中学、立达学园[A].匡互生和立达学园[C].北京:北京师范大学校史资料室,1985:19-31.

索。立达中学继承并发扬先贤们的办学思想与精神,结合教育发展的新时代新形势,认清历史潮流、顺应时代要求,集思广益,凝练并确定"引发教育"作为学校教育哲学,"让学生个性自然发荣滋长"作为办学理念,开展了系列教育教学改革。创造适合学生的教育,使其发挥特长,让每一个学生都能够运用最为擅长的方式学习,注重学生的和谐与自由发展,这种"适合的教育"无疑正是"引发教育"的应有之义。在"引发教育"引领下,立达中学在个性化教育方面进行了系统的探索。

二、"引发教育"是个性化教育

个性化教育是时代的呼唤。2010 年,《国家中长期教育改革和发展规划纲要(2010—2020 年)》明确指出,要"树立多样化人才观念,尊重个人选择,鼓励个性发展,不拘一格培养人才","关注学生不同特点和个性差异,发展每一个学生的优势潜能"。

教育是引发学生内心的善,通过教育使学生人格更加健全,成长更加全面,在自我精进与社会服务上能够取得一致性发展,即成人、成材。对于学生而言,学习是借助同客体相互交往的"工具性思维"以及同他人相互交往的"沟通"(苏格拉底的"对话")来实现的。由于学生个体之间的阅历、经历、智力都不尽相同,所以学习力是有一定差异的。那么理想的教育就应该基于学生差异性的基础上加以引导与兴发即实施个性化教育。班级授课制及教育的大众化,一方面提升了受教育率,一方面使教育向"工业式流水线"倾斜,解放人的同时又在另一维度奴役人。唯有"优势教育",才切合个性化教育的主旨精神。随着人类社会不断发展,理想的教育与教育的理想必将走向"个性化教育"。

"个性化教育"是关注学生个性的教育,而每个人对"个性""个性与共性"的关系的理解也不尽相同。常见的对于"个性化教育"的理解误区就有:盲目张扬学生的个性,按照成人的规划培养个性,培养特长就是培养个性,一味地顺从学生的个性。① 也有人可能以为,要了"个性"就不要"共性"。那应该怎样理解个性呢?"个性"最初来源于拉丁语 Personal,和后来心理学中的个性心理、人格的概念相一致,是指个体思想、情

---

① 陈光华. 个性化教育的误区及重构[J]. 江苏教育,2019(63): 53 - 55.

绪、价值观、信念、感知、行为与态度之总称，它确定了我们如何审视自己周围的环境，是个体独有的并与其他个体区别开来的整体特性。① 无论从哪个维度来理解"个性"，它都具有倾向性、复杂性、独特性、发展性、积极性的特征。认识个性，还需要把握三组关系，即个性是独特性与共同性的统一，是自然性和社会性的统一，是稳定性和可变性的统一。② 可见，个性是个中性词，一个人的个性与他人、共性不是非此即彼的对立关系。共性寓于个性之中，个性离不开共性，两者相当于唯物辩证法中普遍性与特殊性之间的关系。

"个性化教育"是个别化教育，但又不等同于个别化教育。个别化教育是就学生个体某一具体问题或需求而进行的有针对性的教育与帮助，它是个性化教育的一种形式。理想的教育情境，应当"超越'个别化'教育，关注'个性化'教育"。③

三、个性化教育的追求

近年来，立达中学在学校"引发教育"办学哲学引领下，探索了系列深度的引发教育实践，如"引发德育""引发教学""引发课程""引发管理"等。学校的根本任务在育人，学生成长是"引发教育"的归宿，那么聚焦于学习来说，个性化教育得以有序的开展依赖于其基于差异的、弹性化的学习规划系统。立达中学将个性化教育从学校管理、课程、教学、德育、个性化教师、关系系统化构建等融入到规划系统。

第一，"一提五必"的学校流程管理作为个性化教育的引领。"学校管理无小事"，一切工作必须从细节入手，才能保证个性化教育思想被老师接纳、认可、践行。"特色培育、课程保障、多元发展"的办学思路引领下，立达中学在学校管理中提出"一提五必"，即学校管理中布置的任何一项工作，都必须提出明确的要求（如方案、计划、安排等），在执行的过程中，必检查、必肯定、必纠正、必反馈、必总结。如此以发展性的思路开展的学校管理，减少了教师大量繁冗的事务性工作与信息不对等带来的困扰，给教师教学带来了正向激励，为教师差异化应对提供了弹性空间。"引发教育"流程管理，

① 刘献君. 个性化教育的内涵和意义[J]. 西北工业大学学报（社会科学版），2018(01)：15 - 21.
② 同上.
③ 李伟胜. 班级生活：实现"个性化教育"的可行之道[J]. 教育科学研究，2017(3)：20.

既立足于差异，又能创设条件发挥个体潜能，将教师个体目标与学校发展目标相统一，将个性作为教育资源，个性自治管理与组织管理相结合，能够让教师发挥个性潜能，处处各显其长。

第二，"引发课程"与"引发教学"促进个性化教育的课堂转型。课程与教学是学生成长的内容选择与参与过程，是个性化教育实施的关键载体。2009年，学校明确以"科文艺体"为多元特色培育，通过提供多样化课程，培养学生个性化发展。2012年，学校以"THAS"课程（科学、人文、艺术、体育四类课程）为载体，让学生错位、多元、有个性地发展。立达中学经过多年实践，通过实施多元化课程理念，在国家课程校本化实施前提下，2020年，在"THAS"课程基础上，发展了九大类学校校本特色课程，满足了学生个性化学习需要。在教师教学过程中的引导、启发、帮促、激励下，学生通过自主探究、质疑思辨、亲身体验而获得的知识、技能、品格，才能真正成为自我内在生长的根基。为促进个性化教育的教学实践，学校提出了引发教学原则——"增进学习兴趣、培植自学能力、增长基本智识、发展个性特长、修养健全人格"的立于引发学习兴趣，利于自主研习合作互助，达于发展潜质提升思想境界。"引发教学"基于学生个性差异，鼓励学生主动学、会学，这种教学应成为有利于学生终身发展的教育价值取向。

第三，在人格感化德育思想指导下，尊个性、重差异、促成长。立达中学在"引发教育"哲学的引领下提出"引发德育"，倡导爱、尊重和感化。立达中学大门楼上有一块"春风桃李"的牌匾。把这块牌匾置于门楼之上，为的就是张扬这块牌匾上四个字的内涵及其价值取向，以激励教师构建和谐师生关系，做春风化雨的教师。立达提出个性化教育的引发德育原则——"目标引领、人文熏陶、情感催化、纪律约束、榜样感染、环境影响、活动充实"的立于班队集体建设，益于营造和谐融洽氛围，达于学生自我管理自我教育。立达中学始终提倡"爱的教育""人格感化教育"，重视学生的精神教育和趣味（文学、科学、美术的趣味）培养。在德育过程中，强调以健全人格引发健全人格；以博爱引发博爱；以智慧引发智慧；以激情引发激情；以善良引发善良；以自信引发自信。这就要求教师在教育教学过程中爱学生、尊重学生、宽容地对待学生。在人格感化下，学生善的种子会在"春风化雨"中萌生、发芽、成长，最终学生实现自我管理与自我教育，成人成才。

第四，个性化教师与关系系统化建构是个性化教育的动力。从某种意义上来说，个性化教育的实施端赖于个性化教师与关系的系统化建构。立达中学在"引发教育"

引领下的个性化教育也在造就个性化新型教师。个性化教师的意思是说,立达中学在个性化教育中充分发挥教师的个性特长,鼓励教师个性化施教的教育教学,发展教师个性化反思能力,激其所长,用其所长。教师主体观念体系的建构与更新,惠及于教师本人的专业成长,教师专业共同体的发展,同时将直接作用于个性化教育中师生关系与教学方式的转型上。此外,关系系统化建构是个性化教育的助推器。立达中学的个性化教育不只局限于"己",由己及人,立己立人,达己达人需要建构其关系。每一个个体是立达中学教育的起点,而其关系建构是复杂的,需要与其适宜的文化相辅佐。但如创建者所言,立达的宗旨,是"修养健全人格,实行互助生活,以改造社会,促进文化"。"修养健全人格,是偏于个人方面,也可说是立己达己的事;实行互助生活,是偏于社会方面,又可说是立人达人的事。修养健全人格,实行互助生活,是立达的根基;改造社会,促进文化,是立达的结果。总之这四句宗旨,都是互有关联而且互相联贯,我们不能把他割裂开来的。总合这几句话,于是成为一个人,成为一立达的人。"①

可见,个性化教育的起点是个人,但绝不终于个人,其目标是个体与社会的互惠共赢。

四、"引发教育"蕴含着主动的自我更新

立达中学的创办者之一匡互生先生说:"我以为教育上根本不应当有统一的方案,即或为了不得已的原因,不能不有所规定,也非使它富于极大的弹性不可。……科学的态度是不断地求进步,而富有批判的精神,流传百世而仍可以一成不变的方法,事实上真不多有,在教育上更是这样。因为社会上的一切不停止地终日在一方面变迁,青年受了这些影响也自然不同,所以教育要抄老文章总是要失败的。"②

"引发教育"自身的思想与实践也不是僵化不变的,它作为上位的教育哲学引领着我们朝着教育的理想与真意不断努力和迈进。但任何教育思想的转化与实践中的运

---

① 匡互生.立达、立达学会、立达季刊、立达中学、立达学园[A].匡互生和立达学园[C].北京:北京师范大学校史资料室,1985:25.
② 匡互生.青年教育者的修养[A].匡互生和立达学园:教育思想教育实践研究[C].北京:北京师范大学出版社,1993:119-130.

用,都牵涉到教育的艺术。教育不仅仅是科学,还是艺术与精神,我们既需要以科学的态度不断追求真相,不断完善学校教育实践体系,还需要融合与灵通,能够时宜、地宜、人宜,还需要对教育有满腔的热情,这意味着付出、牺牲、奉献和爱。没有科学、艺术和精神指引,繁琐的教育实践可能就会使人无所适从。

"引发教育"思想旨在使被教育者在自由发展的环境中就其个性自然发荣滋长,成为活泼的人。作为自我更新的"引发教育",一方面学校办学者要有一个清晰的认识,从自我发展需要和意识层面,具有意向性;另一方面,"引发教育"思想的自我更新还需要其具备更新的能力和机制。唯有如此,作为办学哲学的"引发教育"才如同教育之水,延绵不绝,川流不息,富有活力。

"引发教育"思想的自我更新,按照时间维度,包括对学校"引发教育"历史的审思、对目前"引发教育"实践发展状态的清晰认知、对未来发展与革新方向的规划。在"引发教育"实践进一步付诸实践与行动时,它能将过去、现在和未来的发展水平结合起来,理性复现、筹划与控制当下的行动计划。"引发教育"思想作为一种可以自我调节的思想,构成了动态发展的循环,促使"引发教育"思想本身朝着积极的方向不断发展。

李家成教授认为,持续的、主动的自我更新是当下教育之所需。[①]"引发教育"高度关注这一问题,关注学生成长的过程与结果,关注社会性与个性的健全,重视社会发展与学生素质间的适切度。作为一个学校的实践探索,我们不只关注教育实践系统的变革,还把政策、理论、实践扎根到最日常的学校生活中的细枝末节中,实现扎根于土壤,基于宏大视野和远大观念的教育实践系统的自我更新。

如此,"引发教育"的理论与实践方是有活力的、有生机的,具有自我更新与调节意识、能力的,不断迈进教育理想与真意的教育探索。

五、"引发教育"在立达中学的系统实践

立达中学基于"引发教育"的办学哲学,为学生发展、教师成长、学校发展进入了一个系统探索期。学校明确以"引发艺术教育"为办学特色,通过学生的多元化发展推进

---

① 李家成. 在相通中实现教育自我更新[N]. 光明日报,2014-04-01(15).

我校国家课程校本化建设;同时以"以学定教"为教改载体,通过"精讲多练、学案引导、合作帮促、及时评价"的教学新思维、新策略的助推,将传统的课堂教学引入一个师生合理互动、良性发展的平台,努力营造"互助学习、体验成功"的有效教学氛围。2012年起,学校以学生多元发展、需求满足为基础,把"办成继传统、求创新、创特色等若干方面在全市有一定影响力的历史名校"为纲领目标,通过深化"科技与艺术之和谐、全面"课程发展理念,结合"立己立人,达己达人"校训的实践,以"科技与人文之和谐,立己与达人之共生"为全新的课程理念,实施课程与教学的双重转型。

秉承"引发教育"之理念,学校师生在对于教育、对于学校、对于教师、学习、教学等方面的认知上都发生了很大的思想转变,继而引发了学校各方面的系统探索与革新,形成了卓有特色的办学特色。立达中学结合立达创办者的教育历史瑰宝,在"引发教育"思想指导下,重点开展了训育与教学方面的改革,即"引发德育"与"引发教学"改革。我们倡导教师在启发、引导、帮促、支持、激励过程中,让学生动起来、感兴趣、愿学、会学,为学生自主发展创造条件。在课程、教学、德育改革的基础上,立达中学为实现其"立己立人,达己达人"的校训,培养出人格健全、互助生活的自主发展的"立达人",学校又提出了以目标激励为导向,以引发课程为载体,以引发教学为策略,以人文环境为氛围,以信息技术为辅助,以精细管理为手段,以三群建设为基础,以绩效奖励为保障的系统化探索。

自2011年我校尝试"引发教学"以来,课堂教学改革的效益正逐渐显现。第一,教师教育观念发生了转变。教师成为了学生的"帮促者",变以学科知识为主线的课堂教学结构为以学生学习为主线的课堂教学结构,强调自主学习、生生合作学习、师生合作学习,实现了线型课堂向立体课堂的转变。第二,学生的发展在广度和深度上得到了保障。课堂上学生学得愉快,教师教得开心,师生负担都得到了减轻。目前,越来越多的学生正在由被动学向主动学转化,由跟着教师教学思路走变为有个性地自主学习、合作学习。更重要的是,学生不再把学习看成是苦差事。

继"引发教学"改革,学校全面开启"引发教育"实践。教学是先导,课程是教育的核心,"引发课程"在学校、学科、班级不同层面开展了扎实的实践探索。立达中学从基础课程和特色课程两方面进行了突破与变革。秉承"科技与人文之和谐,立己与达人相共生"的课程理念,继续在 THAS(赛思)课程、即科技(Technology)、人文(Humanities)、艺术(Art)、体育(Sport)四个系列基础上,开设了劳动、卫健、生涯、德育等九大类系列课程进行必修及选修。注形成了颇具特色的立达课程图谱。

在"引发德育"的指导下,坚持"目标引领、人文熏陶、情感催化、纪律约束、榜样感染、环境影响、活动充实"的基本原则。根据不同学段学生的年龄特点,以"引发德育"的四个核心词,即以爱立人、以礼达人、以理觉人、以美化人,确定了各年段行为规范教育的分层目标,并将校本课程、校内德育活动和校外社会实践活动进行整合。

"引发教育管理"的根本目标是为了促进每一个个体的自我管理,并基于此构建合理的管理文化、制度、氛围、流程。立达中学引发学校管理中形成了"一提五必"的管理方案与实施流程,即管理过程中布置的任何一项工作,都必须提出明确的要求(如方案、计划、安排等),在执行的过程中,必检查、必肯定、必纠正、必反馈、必反思。"引发教育"管理的理念是一种浸润式、过程式管理,它最终是借助于管理实现自我管理与立己达人,这是"引发教育"哲学在学校管理中的具体体现与深化。

学校文化的核心是学校各群体所具有的思想观念和行为方式,其中最具决定性作用的是思想观念,特别是价值观念。"引发学校文化"主要体现在学校显性文化与隐性文化的建设上,以精神文化、环境文化、行为文化和制度文化建设等为主要内容,以校园精神、文明为主要特征的一种群体文化。"引发学校文化"体现在"让学生个性自然发荣滋长"的办学理念,"修养健全人格,引发优势潜能"的育人目标,"立己立人,达己达人"的校训,"合作互助,和而不同"的校风,"人格感化,教唯以爱"的教风,"自主合作,质疑思辨"的学风上,也体现在"学校七景"——教育之水、五人铜像、文化理念石、旨趣园、丰子恺画廊、护生池、桃李春风门等互动、渗透、传承上。

六、追求理想教育无止境,探寻教育真义在路上

立达中学在"引发教育"办学哲学引领下的实践探索成果日渐明晰,自然形成了以"引发教育"为思想的学校办学特色。学校是引发人向往美好的地方,我校多年来的坚持走"引发艺术教育"特色之路,实现了艺术与文化两类成绩交相辉映的良性循环格局。通过引发艺术教育特色和科多元课程的错位竞争发展之路,学生优势潜能得到激发,获奖成绩喜人。立达中学近年来的办学成效已经引起教育界同行的积极关注。自2013年起至今,初步统计,学校共接待了近百批次国内、市内、区内的考察交流和

培训。

立达中学在 2009 年开启的"引发教育"实践研究基础上,以"引发教学"为先,继而在课程、德育、管理、文化、特色等方面形成了系统化探索。随着实践深化与积累,学生、教师、学校都发展了卓为显著的变化,也促进了学校精神与气质的形成,在一定程度上促进了学校转型。在"引发教育"系统化探索过程中,立达中学逐渐形成了独特的学校发展之路,成为一所社会闻名、家长称赞、学生向往的有着全新发展理念的中学。学校的影响力逐步扩大,立达中学先后被上海电视台新闻综合频道、《解放日报》、《上观新闻》、松江电视台、《松江报》等多次报导与宣传,也引来了同行百余次参观学习,辐射全国。

一切教育归根到底都是自我教育。陶行知说:"好的先生不是教书,不是教学生乃是教学生学。""引发"的目的是让学生最终能够达到最高境界"悟"。没有学生自己的"悟",教育的效果是不会体现的。什么是素质?是一个离开学校之后,把学校学到的知识转化成健全人格、思想方法、意志品质。基于此,学校为立达学子提供适合学生发展的个性化发展课程;实行"引发教育",特色分类,学科分层,自主选择,走班上课,提供多样化的教学方式和学生方式,让学生的学习随时随地发生;创设合适的、人文弥漫的学习环境。以期为学生今后做人、工作、生活、健身提供知识、方法和能力储备。

作为学校办学哲学的"引发教育"是对教育基本和普遍问题的理论研究成果,研究"引发教育"的性质、"引发教育"内演化的总规律、师生在教育的位置等基本问题。为落实此办学哲学,学校结合"让学生个性自然发荣滋长"的办学理念和"立己立人,达己达人"的校训,在管理、德育、课程、教学、文化方面形成了一定的实践成果。这些实践成果,彰显了立达中学极具特色的思想、文化与实践性智慧,也引发了立达人更多的思考,促使其行动研究走向深处,走得更远。

第一章

『引发教育』的文化脉络

"为求自由的生活，为求理想的教育。"立达学园创办者基于自愿协作，对理想的追求及坚强的意志，于 1925 年创建了立达学园。学园以『己欲立而立人，己欲达而达人』(《论语》)为校名及办学宗旨。虽然学校经历过动乱失守、改体改制、生源滑坡等跌宕沉浮，但是今天的立达依然坚守育人初心，永葆育人情怀，践行育人使命，延传办学智慧，引发深化，立己达人。

上海市松江区立达中学，前身为立达学园，百年传承，不改初心，延续"引发"的教育内涵。传承的是对教育本质的追求、对教育理想的坚守、对促进学生与社会发展的责任。当然，百年前与今天的立达都面临着时代转型与时代分野的发展挑战。立达中学的史与今，显然也有差异，其差异的根源，与对标的时代需要、欲解决或针对的问题和希冀带来的改变不无关系。立足当下，回溯历史，把握文脉。无论对人、对学校、对教育，还是对社会，其"脉"和"魂"都是立达人的寻求之迹、生发之根、茁长之道。

一、立达学园，求理想的教育

1925 年春，匡互生和原春晖中学的部分师生（包括志趣相投的刘薰宇、朱光潜、丰子恺、陶载良、周为群等人）来到上海，在上海市虹口老靶子路租用民房办学，引孔子"己欲立而立人，己欲达而达人"之说，将学校取名"立达中学"。随后，又因房租太贵将学校迁往小西门黄家阙路。同年夏天，匡互生在江湾镇附近租到一块荒地筹建校舍，迁入新址后，学校改名为"立达学园"。

当年参与创办立达学园的同人，以及先后在校任教的教师有匡互生、朱光潜、夏丏尊、丰子恺、刘薰宇、方光焘、刘淑琴、夏衍、陈望道、陶元庆、黄涵秋、丁衍镛、许杰、周为群、陶载良、夏承法、裘梦痕、陈范予、陈友生、李式相、孙怒潮等。立达学园既具规模，匡互生倡议筹建"立达学会"。参加的除了创办立达学园的同人之外，还有茅盾、叶圣陶、郑振铎、胡愈之、朱自清、刘大白、周予同等。立达学会出版刊物《一般》，由上海开明书店发行。

立达创建初期，只有初中三个年级，学生五十余人。1925 年秋迁入江湾校舍后，增设高中部及艺术专修科，学生与教师逐渐增多。艺术专修科由丰子恺主持，后因经费困难停办，1928 年，除丰子恺之外的师生并入杭州西湖艺术专科学校。1929 年，立达在上海南翔柴塘增设农村教育科，招收学生，开辟农场，提倡教育与生产劳动相结合，试行工学教育。高中部初设文科和理科，后按教育部规定不再分科。当时其他各中学的课程，都按教育部的规定统一安排，外语一般只有英语，而立达学园则增设世界语、法语、意大利语课程。学生除英语外,还得选修一门外国语。此外,还增设逻辑学、社会学、实践道德等课程。

许多学生先后参加了中国共产党,分布在各个工作岗位上,例如黄源、梁灵光、康乃尔、袁易学、李冰洁、刘烈人、陶炜等。①

匡互生先生在《立达、立达学会、立达季刊、立达中学、立达学园》一文中直陈,立达的创办动机是"为求自由的生活,为求理想的教育,于是集合同志来创办立达中学"②。立达半月刊对此进行了详细的说明:

> 过去五六年中,我们散在各地参加许多学校底经营,有时也将我们底信念去试验,但终于不能得到一片园地供我们自由耕耘。……我们渐渐地觉得寻找自己的园地的必要了。虽然在我们底园地中所中下的种子未必就因我们灌溉能生长繁荣,开鲜艳的话,结甜蜜的果,但比较下种在邻人的田园,常到不开花结实,就被外的原因,使我们失去培养他的机会,听他萎顿以死,内心可以安慰些。……这个学校,立达的办起来,既不是受了官厅底委派,也不是受了某资本家的资助,完全由现在当其事的人本了自己的意志,为满足自己的要求的努力。③

立达的创建和成立,源于同志的自愿协作、对理想的追求及坚强的意志。"理想和意志能够征服环境,创造环境",这曾一度是立达前辈们的教育信仰和人生信念。

二、跌宕沉浮,动乱中的失守

立达中学于1925年创办,未经几年,1932年1月28日淞沪战争爆发,江湾校区地处前线,立达师生迁至南翔避难。不久,日军进攻南翔,留守师生又辗转青浦、无锡等地。淞沪战争结束后,立达主要创建者之一匡互生先生为复学筹集款项,竭尽苦劳,更

---

① 北京师范大学校史资料室.匡互生和立达学园[C].北京:北京师范大学出版社,1985.
② 匡互生.立达、立达学会、立达季刊、立达中学、立达学园[A].匡互生和立达学园[C].北京:北京师范大学校史资料室,1985:22.
③ 匡互生.立达、立达学会、立达季刊、立达中学、立达学园[A].匡互生和立达学园[C].北京:北京师范大学校史资料室,1985:22-23.

不幸的是，1933年3月匡先生被诊断为肠癌，于4月22日与世长辞。1933年5月，立达同仁选举原教务主任陶载良为校务委员会主任。因在校内的一些问题上出现意见分歧，丰子恺、周予同、沈仲九等一些有影响力的教师离开了立达学园。

1936年5月，南翔柴塘村的租地期满，立达又迁回江湾总部。1937年七七事变，江湾又沦为战场，立达学园只得在租界招生，多次更改校址，最后在劳勃生路（今长寿路）的自强小学内临时办学，一学期后又迁到派克路（今黄河路），改为半日制。高中部设在静安寺附近，租了几间房子作为教室。

1940年，陶载良被通缉，他离校后取道香港抵达重庆，在四川省隆昌县城西的胡家坝租得一地主庄园，成立了"立达中学隆昌分校"。1942年秋，改为"上海立达学园"。1945年秋，日本投降，外地内迁学校纷纷迁回原地，陶载良于1946年上半年回上海，筹划复校事宜。但江湾旧址已成荒地，最后立达学园暂在松江秀野桥西包家桥北租得陈平正祠堂等房屋复校，条件具备后迁回上海。1947年9月，立达学园招收新生，恢复上课，校长为陶载良。1953年1月，松江立达学园由政府接办，松江县文教科宣布改为松江第三中学，陶载良任校长，张清新为副校长。

由此，立达中学进入了历史上第二个发展阶段——名字更改，举办者更改，历史背景更改，直至1988年，迁至现址（松江区松汇西路1260号）。

2002年，学校复名为"立达中学"，附属于松江区教师进修学院。学校转制，改名为"上海市松江区教师进修学院附属立达中学"，性质为公办民助。2007年根据上级行政部门的要求，学校转回公办。初中部学生就近入学，高中部定性为普通高中。转回公办后，学校失去了优势，特别是全区初高中择优录取学生的优势，生源发生了质的变化。初中部由全区前四名降到中等偏下位置，高中部处于八所高中末位。教师在教育教学工作中迷惘，没有成就感，初、高中办学规模处于萎缩状态，教学质量大面积下滑，学校发展处于停顿状态。

可见，立达中学的这段历史与时代及社会关系密切。面对动乱、战争、学校主管更迭及办学定位不明确，立达中学在跌宕起伏中求索，进入到"求生存""向稳定"阶段。

三、继承传统，追求教育的真义

2010年，学校办学遇到了前所未有的困境。初中部由全区有选择地"择优录取"

变成按学区就近入学，受地域限制，生源质量大面积下滑，直接严重影响了初中教学质量，位于全区倒数几位；高中部学生来源于松江区分层录取，立达中学高中学生是第六个层次的学生，也就是说是全区高中生成绩排名后30％的学生，理论上是二本录取无望的学生，每年上线率在10％左右，若走文化升学之路，80％以上的学生读本科是没有希望的。学校办学进入了低谷，学生迷惘、教师困惑，学校试图寻求出路。

随后，学校基于"引发教育"办学哲学，为实现学生发展、教师成长、学校发展，进入了一个系统探索期。学校明确以"引发艺术教育"为办学特色，通过学生的多元化发展推进国家课程校本化建设；同时以"以学定教"为教改载体，通过"精讲多练、学案引导、合作帮促、及时评价"的教学新思维、新策略的助推，将传统的课堂教学引入到一个师生合理互动、良性发展的平台，努力营造"互助学习、体验成功"的有效的教学氛围。

2012年起，学校以学生多元发展、需求满足为基础，把"办成继传统、求创新、创特色等若干方面在全市有一定影响力的历史名校"为纲领目标，通过深化以"多元与艺术之融合，全面与个性相共生"的全新课程理念，实施"教学与课程"的双重转型。教学转型以"引发教学"为突破口，对课堂教学的理念、方式、方法进行改进；课程转型以培育"引发艺术教育滋长个性资能"为突破口，实施校本（科文艺体劳卫、生涯、德育）九大类全课程体系，深化落实以"目标激励为导向，引发教育为策略，引发课程为载体，人文环境为氛围，信息技术为辅助，精细管理为手段，三群建设为保障"的工作措施，加强学校内涵建设，全面提高学生的科创素养与人文修养，全面提升学校整体教育教学品质，逐渐形成了独特的学校发展之路。

学校经过四年的努力，其间三次申报创建上海市特色普通高中项目校，2017年，通过区教育局、上海市教委申报评审，成为第三批项目学校。特色教育定位为引发艺术教育滋长个性资能；特色育人定位为传承"教育的真义是引发而不是模造"的办学哲学，秉持"让学生的个性自然发荣滋长"的办学理念，通过门类丰富的艺术教育，在艺术与生活、艺术与科学等相关联的情境中引发学生参与各艺术门类的学习与实践活动，获得适应未来社会和终身发展的艺术感知、创意表达、审美情趣和文化理解等艺术素养，培养德智体美劳全面发展且有个性特长的社会主义建设者和接班人。

四、凝练思想，让个性自然发荣滋长

学校教育哲学或学校办学哲学，不是学科意义上的教育哲学，而是观念上的教育哲学和办学哲学，是指一所学校所信奉的教育理念，它是学校全体成员的教育信奉，其主要内容是学校的使命、愿景和育人目标。[①] 形成学校教育哲学或办学哲学，对于学校的发展有极重要的价值和意义。

上海市松江区立达中学继承并发扬先贤们的办学思想与精神，结合教育发展的新时代、新形势和新要求，集思广益，凝练并确定"引发教育"作为立达的办学哲学，"让学生个性自然发荣滋长"为办学理念，"修养健全人格，引发优势潜能"为育人目标，"多元与艺术之和谐，全面与个性相共生"为课程理念。

"引发教育"作为立达的办学哲学思想的根基，源于对教育实践中常见流弊的回避与批判，源于对于教育本义的溯源与坚守，源于对于学校先贤办学精髓的继承与发扬。

首先，从农业社会到工业社会的转型，教育的大众化与普及化，促使了学校教育"工业式"的系列表现，促使培育人的学校有时候像"批量式生产的工厂"。加上部分行政领导的"业绩"与"表现主义"，市场经济理念驱动下的"效率取向"与"竞争加剧"，学校教育办学自主性的被动或主动让渡，导致教育本身应有的品质和追求消逝，学校教育陷入时代危机。

其次，从"教育"的词义与本质来分析。《说文解字》中，"教"的意思是"上所施下所效也"，"育"即"养子使作善也"。在英语中，教育（Education）源于拉丁语 educare，其中前缀"e"有"出"的意思，词根"ducare"则为"引导"，二者合起来就是"引导出"，意思是采用一定的方式方法把潜藏于身上的东西引导出来并变为现实。另外，人之为人，在于三个层面的展开，即身体层面、心理层面和精神层面，教育在于促进儿童生命的整全，个体生命的兴发与天地视域的打开[②]，这是教育的应然追求，即"兴于诗，立于礼，成于乐"。学习是一种追求自我完善的行为，即佐藤学所谓的"意义与关系的重建活动"——个体通过学习，不仅要构建起同外部世界的关系，培育实现某种抱负的能力，

---

① 陈建华.论学校教育哲学及其提炼策略[J].教育研究，2015，36(10)：57 - 63.

② 刘铁芳，王晖.以教学打开生命——走向生命论的教学哲学[J].教育研究，2019，40(04)：34 - 42.

还要使自己作为不可替代的存在,确证生存的价值,充实自己的人生,使自己无愧于这个社会。从关系论意义上讲,学习是一种对话、交往行为,即学习是个体通过同他人的沟通而展开探究对象意义的行为,具体表现为与客观世界的交往、对话,与他人的交往、对话,与自身的交往、对话。① 那么,基于教育"向善"的本义,基于教育"引发"的本义,基于教育"兴发"的根基,基于教育"关系中的自我完善"的追求,基于时代与教育普遍性弊病,立达中学提出"引发教育"的办学哲学。

最后,立达先贤们的教育精髓我们不能遗忘,这是一种追求,更是一种坚守,也是一种责任。匡互生先生在《立达、立达学会、立达季刊、立达中学、立达学园》一文中指出:"教育的真义是'引发'而不是'模造',教育者的责任,是要使被教育者在能够自由发展的环境中,为之去害虫,灌肥料,滋雨露,使他们能够就他的个性自然发荣滋长。教育者决不能制好一个模型,叫被教育者都铸入那个模型中。教育者对于被教育者,又须注意他的全部的发育,决不能偏于一枝一叶……"② 刘薰宇先生也论述道:"我主张'全人教育'的,我的解决法是从这个立足点出发,'全人教育'……是'以劝人为目标,用教师的全人活动指导学生的全人活动为手段的教育——全不是完全的意思,是整个的意思'。……教育者不将被教育者整个的人格作对象,用自己整个的人格来实施,教育是无效的。"③ 立达中学在创建初期的这些教育思想可谓率教育先潮,直抵教育命脉,对于坚守与传承先贤的教育真意,是立达的责任与义务。

教育部原副部长吴启迪2003年10月在吴朗西百年诞辰纪念大会上说:"为什么立达中学有这么多的名师? 一定有它的凝聚力和它的一种吸引力,能把大家吸引在自己的周围。为什么? 这是值得大家研究的一个问题,这也是上海的一个文化资源,我认为值得挖掘。必须有人去做这个研究。"上海市教委原副主任李骏修在立达中学校本研修展示周开幕式上,很动情地说:"我提请所有的来宾、所有的领导关注'立达中学'这所学校,这实在是一所神奇的学校。一所中学,历史上出了这么多的名师和文化名人,这些人物都是泰斗级的啊。他们的教育思想要好好研究!"复旦大学中文系主任

---

① 参阅:佐藤学.课程与教师[M].钟启泉译.北京:教育科学出版社,2003:154;佐藤学.静悄悄的革命[M].李季湄译.长春:长春出版社,2003:41-100.

② 匡互生.立达、立达学会、立达季刊、立达中学、立达学园[A].匡互生和立达学园[C].北京:北京师范大学校史资料室,1985:19-31.

③ 刘薰宇.全人教育发端[A].匡互生和立达学园:教育思想教育实践研究[C].北京:北京师范大学出版社,1993:257-267.

陈思和说："立达学园教育思想在当时要超前100年。"作为立达人，应该努力挖掘这一资源，传承、创新这一资源，不断完善"立人达人文化"。

基于立达继传统、求创新的发展实际，基于学校历史的文脉延展并在当下脱颖而出，上海市松江区立达中学将学园式"引发教育"作为立达的办学哲学，开展了深度研究，促进了立达中学系统的改进与发展。后又在"引发教育"哲学思想引领下，在课程、教学、德育、管理、特色等方面，都形成了系列改革成果。

2009年，立达中学提出了"引发教育"的办学哲学，并进行了系列的深化和细化工作。"引发"的目的是让学生个人在自由发展的环境中自然发荣滋长，并在学校教育哲学基础上，形成了学校办学文化，开展了卓具特色的教学改革。

在"引发教育"思想下，立达中学确立了"让学生个性自然发荣滋长"的办学理念，确立了"在继传统、求创新、创特色等若干方面在全市有一定影响力的历史名校"的办学目标，确立了"多元与艺术之和谐，全面与个性相共生"的课程理念，确立了"立己立人，达己达人"的校训。

在"引发教育"思想下，学校提出了"引发教育管理"，开展了"一提五必"的目标化管理实践探索。引发教育管理的思想主要是基于人性化管理、个性化管理、目标管理，是一种分布式领导思想在现代学校管理中的具体体现。"一提五必"管理就是落实管理责任和要求，将管理责任和要求具体化、明确化，这种管理模式具体操作流程表现在两个方面。在管理过程中，布置任何一项工作，都必须提出明确的要求（如方案、计划、安排等）；在执行的过程中，必检查、必肯定、必纠正、必反馈、必反思。

在"引发教育"思想下，学校开展了"引发德育"。立达先贤提倡"全人教育"，具体落实在"人格感化"与"爱的教育"上。立达中学继承这一育人理念，从"以爱理人、以礼达人、以理觉人、以美化人"四个方面实行感化教育，健全人格；实行处群教育，友爱互助；实行疏导教育，明事知理；实行熏陶教育，修养全人。引发德育旨在激发学生心理内因，实行主体育德。

在"引发教育"思想下，立达中学以"促进个性发荣滋长"为课程愿景，以"多元与艺术之和谐，全面与个性相共生"为课程理念，逐步形成了多元的校本系列课程群，把学生发展的核心素养内化于学校价值引领和追求之中，通过多元化的课程使得学生在自由发展的环境中，就他的个性自然发荣滋长。

在"引发教育"思想下，学校尝试"引发教学"课堂改革，通过改进教学方式与学习方式,创建绿色的学习环境,致力于课堂转型,促进整体教育质量的提高。"引发教学"就是引导学生发展的教学,它强调教师的主导作用和学生的主体作用,不仅关注教师的教、引导、启发,更重视学生的学,并合理利用各种资源、手段、策略为学生的学习服务,引导学生发展。立达中学"引发教学"的本质就是以学定教、智慧教学,就是要唤醒学生、思维碰撞、情感共鸣、参与体验,让学生想学、乐学,直至善学,其目的就是为学生的终生发展奠定基础。我们倡导教师在启发、引导、帮促、支持、激励过程中,让学生动起来、感兴趣、愿学、会学,为学生自主发展创造条件。

概括来说,为实现立达中学"立己立人,达己达人"的校训,培养出人格健全、互助生活的自主发展的"立达人",学校实施了"以目标激励为导向,引发课程为载体,引发教学为策略,人文环境为氛围,信息技术为辅助,精细管理为手段,三群建设为基础,绩效奖励为保障"的系统化探索。

十多年来,立达中学不断深化与细化"引发教育"实践探索,形成了系列研究成果,促进了学生、教师、学校的全面发展与互相成就,但同时,也面临着新环境、新问题,并在时代命题面前继续通过实践来适应与应对。

第二章 『引发教育』的理念图景

教育是『引发』，是使学生个性自然发荣滋长。立达中学以『立己立人，达己达人』为校训，坚信人人生而平等，尊重个体差异，引发学生自主发展。教师把教育视为虔诚信仰，以全人格影响学生，实施人格感化与爱的教育，启发鼓励，自觉自主，互助探究，发展智识，解放天性，使学生成为一个个生动活泼的人。可见，学校是一个美好的存在，也是引发人走向美好的地方。

"引发教育"是一种学校教育哲学,它会引发教育方方面面的转化与革新。我们引导教师重新认识自己,更新教育观;了解学生,为每名学生的发展提供合适的教育;更新教学观,引导学生自主合作探究学习。在这一办学哲学引领下,立达中学改善了师生关系,转变了教学观念,改变了学习方式,提升了育人品质。具体说来,"引发教育"促使学校教育观、学生观、教师观、教学观、学校观都有了很大的变化。这些变化都直接或间接作用于对"立达人"的培养,是一个学校办学思想的具体体现。

一、"发荣滋长"的教育观

立达学园创始人匡互生说:"教育的真义是引发,而不是模造。教育者的责任是使被教育者在自由发展的环境中个性自然发荣滋长。"[①]匡先生鼓励学生探究真理,认为"研究真理是人生之大用",人生缺乏真理就要失去人之为人了。匡互生认为,教学过程要教、学、导合一。"人的天性有如其面,教育者绝不该以一种主张束缚被教育者,使他们不能自然地发展,成为畸形的人。"[②]

立达学园的创建者之一沈仲九先生在讨论教育是什么时有言:"宇宙是'动'的宇宙,是'变'的宇宙;人生也是'动'的人生。"[③]"变"和"动",几乎是宇宙和人生必有的,不能缺乏的。人类社会错综复杂,有一不变的中心,有一共同的趋向。这中心、这趋向是什么,是"生"——是"生"的保持,是"生"的继续,是"生"的扩大,是"生"的丰富。归纳起来,教育是什么,教育是人和人间有计划的持续的影响;教育是以求生的进化为目的,也可说是求生的保持、继续、扩大和丰富为目的;教育是甲引发乙的全人格自由

① 匡互生.立达、立达学会、立达季刊、立达中学、立达学园[A].匡互生和立达学园[C].北京:北京师范大学校史资料室,1985:19-31.
② 章乃焕.中国教育史的光辉篇章——试论立达学园教育改革实验的思想与精神实质[A].匡互生和立达学园:教育思想教育实践研究[C].北京:北京师范大学出版社,1993:54.
③ 沈仲九.革命和教育[A].匡互生和立达学园:教育思想教育实践研究[C].北京:北京师范大学出版社,1993:162-176.

活动的一种作用力。综合来说,教育是教育者以满足被教育者生的保存、继续、扩大和丰富为目的,以引发被教育者全人格自由活动为作用的一种人格间的影响。

我们认为,教育就是引发,就是使个性自然发荣滋长。"引发教育"就是引导、启发、帮促、支持、激励学生自主发展的教学。它强调教师的主导作用和学生的主体作用,不仅关注教师的教、引导、启发,更重视学生的学,并合理利用各种资源、手段、策略为学生的学习服务,引导学生发展,为学生的终生发展奠定基础。

立足时代,回溯学校创办者们的教育智慧与文化积淀,继传统、求创新,提出了"引发教育"的办学思想,并在持续不断地深化、细化与系列化。学校坚守教育本义,深怀教育理想,在"立己立人,达己达人"上深耕细作,以求始终。"引发教育"的具体学校层面的聚焦与表达可以通过立达组织、旨趣宗旨、校徽校训、办学理念、目标、课程理念、目标、三风一训、教育信条等予以理解。

立达的组织

立达同人指出当时学校教育面临的共同缺点是:没有完善的组织,也因组织的不完善,训育、教课各方面常发生:应将不可分割的责任分割,致精神上得不到圆满贯注的结果;各部分负责人的常感到牵制的痛苦。

因此,立达设立组织如下:

导师由立达学会推荐,任期为五年。其职责是指导学生全部生活,协同立达学会规划学校发展事宜。五人组成导师会,推荐主任一人为对外代表。

教师由导师会延聘。其职责是训导与教授学生。

职员由导师会延聘。其职责是同导师、教师处理各种机械事务。具体的事务分担对导师会、训导会、教务会、事务会等又有细则规定,不再赘述。

就育人而言,多聚焦教学与训育。创建初期,教师除教课外,对训育及学校发展都负有责任。由于所处动乱时代,各方面都极其艰苦,教员多情怀深厚,甚至无任何报酬,依然兴致不减于教书育人,不觉困乏。训育上,立达中学凡形式上的奖惩,繁琐的规矩,一概不用;对于学生的操行实行人格感化的教育。

经对史料进行梳理,还原立达中学的大体组织机构图(见图2-1)如下:

匡互生、朱光潜等人针对当时的乡愿式教育、商业式教育、强奸式教育进行了批判,认为其背后分别是恶绅(伪善者)、学贾(高等流氓)、军阀(土匪)。有感教育虚伪与

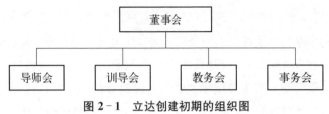

图 2-1　立达创建初期的组织图

恶化,洞见症结,立达学园寥寥数百字,表达了其创园旨趣。[①]《立达学园旨趣》开篇曰:"我们坚信人类生而平等,个个人都有享受教育的权利,都应该有机会尽量发展天赋的资能,倘若有人因教育上的缺限,成为社会进化的障碍,社会自身应负其责。教育是社会的义务,不是社会的恩惠……"

开篇可谓高瞻远瞩,立意深远,直抵要义。这里先引用关于旨趣的话:

我们的学校悬下列几种鹄的:

一、在现时一般学校里,教师结合既不纯粹以教育兴趣为基础,学生就学,也只是以金钱换取资格。师生间无了解所以无敬爱,无敬爱所以无人格感化。教室以外,别无观摩;课本以外,别无启发。在这种情形之下教育自然无好果。我们的学校纯粹由同志的教师,信仰的学生组成。一方面要具有社会的组织和互助的精神,一方面要充满了家庭的亲爱。大家都欣和无间,极力求由敬爱而发生人格感化。

二、我们的人格教育第一个要素就是诚实。社会上许多罪恶都生于虚伪。待人不诚,于是有欺诈凌虐;待己不诚,于是有失节败行。这种风气,学校教育要负大部分责任,因为种种繁琐的条文,形式的奖惩和敷衍的手段都是培养虚伪的祸根。我们师生大家都极力求以至诚相见,免除一切虚伪,要使社会对于立达的师生所得最深刻的印象,就是诚恳的态度。

三、我国种族性劣点在组织力薄弱,而组织力薄弱则由于自私心太重。文化的衰颓和政治的腐败,祸根都伏在这里。我们知道从前一切伟大的事业和伟大的思想大半都由牺牲的精神中产出,我们更坚信来日光明之出现,也必定藉牺牲的精神引导。所以立达的师生要极力培养牺牲的精神,大家都要能抛弃身家,为人群谋幸福。

四、人类最高贵的一点灵光就是排除一切障碍而求实现理想的一种意力。

[①] 朱光潜.回忆上海立达学园和开明书店[N].解放日报,1980-12-2.

这种意力要用刻苦耐劳去培养。我们立达的师生一方面要极力过俭朴的生活,使精神不易为物质欲所屈服;一方面要实行劳动,每日费若干时间,到工场农场去作工。我们坚信劳动可以养成刻苦耐劳的习惯,可以使我们领略创造的快慰,可以使我们能独立生活,不完全为社会上的消耗者。

　　五、东方人思想的缺点在偏于综合而短于分析,偏于演绎而短于归纳,偏于因循而短于创造。所以学问事业都很零碎错乱,进步迟缓。救这种弊病,要注重科学的训练,所以我们立达的师生对于学问方面,不纯是记忆书本知识,要能在课本自由研究,独立思索,以求养成科学的大脑。①

可见,立达创建初期极其重视教育于个体与社会意义及关系的辩证统一。于人,其倡导人格感化,强调诚实、有理想、有意力、有牺牲精神、重视科学;于社会,强调组织力,突出人与人之间关系的互助、欣和、牺牲。其寄望借助于培养理想中的人,并由此构建互助的组织生活,改善文化的颓废和政治的腐败,去望见那个"横在我们的前面有一个极庄严的世界"。

　　若上述谓之于"旨趣",那么立达的"宗旨"更为概括其要义。

　　立达的宗旨,是"修养健全人格,实行互助生活,以改造社会,促进文化"。可见,其逻辑关系是"人→组织→社会→文化",一如《礼记·大学》的育人逻辑:"古之欲明德于天下者,先治其国;欲治其国者,先齐其家;欲齐其家者,先修其身;欲修其身者,先正其心;欲正其心者,先诚其意;欲诚其意者,先致其知,致知在格物。物格而后知至,知至而后意诚,意诚而后心正,心正而后身修,身修而后家齐,家齐而后国治,国治而后天下平。"关于立达的办学宗旨,从立达半月刊上登载的内容可以简略了解。

　　"所谓改造社会,促进文化,这是我们的同学将来应当担负的一个重大的担子……要担负这般重大的担子,不是容易的,先要问自己力量胜任不胜任,所以第一步功夫在修养健全人格,同时从互助的生活中认识社会生活的重要,并且从里面发挥个人对于群众的同情心和责任心。"

　　"四句宗旨,如果把各句一比较修养健全人格,是偏于个人方面,也可说是立

---

① 匡互生、朱光潜. 立达学园旨趣[A]. 匡互生和立达学园:教育思想教育实践研究[C]. 北京:北京师范大学出版社,1993:108-109.

己达己的事;实行互助生活,是偏于社会方面,又可说是立人达人的事;……修养健全人格,实行互助生活,是立达的根基;改造社会,促进文化,是立达的结果。总之这四句宗旨,都是互有关连而且互相联贯,我们不能把他割裂开来的。总合这几句话,于是成为一个人;成为一立达的人。"①

同为立达教员的沈仲九在论述《革命与教育》中指出:"人类进化的现象很纷纭,很错杂,但是纷纭错杂之中,有一不变的中心,有一共同的趋向。这中心、这趋势是什么,是'生',是'生'的保持,是'生'的继续,是'生'的扩大,是'生'的丰富。……教育是教育者以满足被教育者生的保存、继续、扩大和丰富为目的,以引发被教育者全人格的自由活动为作用的一种人格间的影响。"②这也体现了创建立达学园以及立达学园关于"培养什么样的人,怎样培养人"的思想体现之一。他们更倾向于认为,教育事业是一种精神事业,精神事业绝不是用什么条条框框所能完成的。

综合来说,鉴于当时所处时代、认知偏向等因素,立达创建者更倾向于把"教育"隐喻为"农业",那么,结合上述表达,可以简绘其宗旨论述思路如下图(见图2-2)。人如

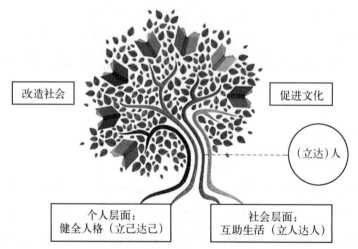

图2-2 培养立达人的旨趣之概略图

---

① 匡互生. 立达、立达学会、立达季刊、立达中学、立达学园[A]. 匡互生和立达学园[C]. 北京:北京师范大学校史资料室,1985:24-25.
② 沈仲九. 革命和教育[A]. 匡互生和立达学园:教育思想教育实践研究[C]. 北京:北京师范大学出版社,1993:162-176.

树,根基分两方面又合为一体,结果为两方面,也合为一体,根基与结果合为一体才为一棵"理想的树"——立达人。

至于"立达"两字,则取义于《论语》中的"己欲立而立人,己欲达而达人"。"立"指脚跟站得稳,立场坚定,"达"指通情达理,行得通。在"立"与"达"两方面,在"人"与"己"有互相因依关系。

无论是理念,还是园艺的方法、园艺的趣味、园艺的广大久长,立达学园的办学者都坚守其教育信念,力行学园式教育。概言之,立达以"成人"教育为方向,以学生为中心,以自然主义和农业思维为隐喻,倡导教育与劳动相结合。

立达学园没有校规,却有一条校训:立己立人,达己达人。

立达学园校歌由李叔同创作,校徽由丰子恺设计。校徽图案是两个裸体幼儿拥抱着一颗红心,红心正中为作绶带状的"人"字,"人"字之右与左为"立"和"达"字,设计图样如右图所示(见图2-3)。

图2-3　立达中学的校徽
（丰子恺设计）

基于上述历史,立达中学的教育哲学是"引发教育"——教育的真义是"引发"而不是"模造",教育者的责任是使被教育者在自由发展环境中就其个性自然发荣滋长。因此,学校的办学理念是"让学生个性自然发荣滋长"。立达中学的教育信条如下:

> 我们坚信,人人都有机会尽量发展天赋的资能。
>
> 我们坚信,学校要有特殊的精神可以造就真正的人才。
>
> 我们坚信,学校要充满家庭的亲爱,极力由敬爱而生人格感化。
>
> 我们坚信,我们师生都极力求至诚相见,刻苦耐劳,实现教育理想。
>
> 我们坚信,立达师生时时处处要说立达话、办立达事、做立达人、树立达魂。
>
> 我们坚信,立达师生通过领略创造的快慰,望见横在我们前面有一个极庄严灿烂的世界。

文化的表达除了体现在如上的办学哲学、办学目标、办学理念、办学信条等方面之外，还体现在学校物质文化上。学校以"七景六室五馆一场一中心"为主的校园人文记忆建筑物既展示了立达的教育思想和教育理念，更为学生带来了耳濡目染的爱的教育和美的教育。其中，"七景"是文化理念石、教育之水、五位创办人铜像、旨趣园、丰子恺画廊、护生池、桃李春风门；"六室"是人工智能科技艺术创新实验室、空气动力科技艺术创新实验室、达手工沙画科技艺术创新实验室、水生命科技艺术创新实验室、丰子恺漫画艺术创新实验室、语言艺术创新实验室；"五馆"是科创体验馆、人文校史馆、艺术馆、日新图书馆、达人体育馆；"一场"是立人剧场；"一中心"是引发艺术教育课程体验中心。

如今的立达中学坚持培养学生健全人格的教育，而人格包含个人的、社会的，个人的包含身体的和精神的，社会的包括社会心理与社会组织；身体的又包含工作、劳作的和体育、健康的，精神的包含知识、感情、意志和审美。于是，在此基础上，在孕育爱和共同生活的组织中开展德智体美劳的理想教育则是立达的实践诉求。

在功用主义肆行的土壤中，立达依旧怀揣着对于教育理想信念的追求，寄望教育不只是育才，更是"育人"，重视灵魂的教育、思想的启迪与精神的提升。立达以"己欲立而立人，己欲达而达人"为教育宗旨，主张在自由讨论的氛围下，不拘泥于一格、健全人格、互助生活、促进文化、改造社会。

二、"立己达人"的育人观

立达中学的校训是"立己立人，达己达人"。"立达"两字语出《论语・雍也》："夫仁者，己欲立而立人，己欲达而达人。"意思是说，仁者不仅自己要在立身行事上做好，还要推己及人，帮助别人做好。"立"指脚跟站得稳，立场坚定，"达"指通情达理，行得通。在"立"与"达"两方面，"人"与"己"有互相因依关系。"成己"而后能"成物"，做到"成物"也才能真正的"成己"。[①] 丰子恺设计的校徽也从艺术的角度表达了"立达"的育人观。上海市松江区立达中学一以贯之"修养健全人格，实行互助生活，以改进社会、促进文化"的教育宗旨，培育立达人才。

----

① 孙怀山. 新型别致的立达学园[A]. 匡互生和立达学园：教育思想教育实践研究[C]. 北京：北京师范大学出版社，1993：32.

"立达!"——五人铜像里的故事

"茶房,今晚要熬夜,请你打点黄酒来。"喜欢喝黄酒的丰子恺从袋中摸出两枚角子,交给学校的惟一校役郭师傅。这是1925年1月,上海的一个严冬,"几位漂泊者"又飘到一块了。

"今晚就得把学校名字定下来。"丰子恺有些激动地对大家说。

"论语有云:己欲达而达人,己欲立而立人。学校就叫立达吧?"匡互生停住了踱着的脚步,瞧了大家一眼。

"立"是脚跟站得稳,或立场坚定,"达"是通情达理,行得通。"人""己"互相因依,成己方能成物……朱光潜微仰头,望着阁楼,不假思索地轻语着。

"立己立人、达己达人,这名字起得好。"刘薰宇激动地站了起来。

陶载良也应声道:"就叫立达!"几人的抱负不谋而合,大家兴奋地碰杯。接下来谈到分工。"我来起草一个旨趣吧。"朱光潜说。"那我来画出校徽,请叔同师谱写校歌。"丰子恺说。"我去北京募款。"匡互生自告奋勇地说。

校舍建成后,匡互生、丰子恺、刘薰宇、陶载良等同意确定校名为"立达学园",并以立达学会的名义宣布创办立达学园的宗旨。这份宣言是在匡互生授意下由朱光潜执笔起草的,公开提出了立达宗旨——"修养健全人格,实行互助生活,以改造社会,促进文化"。其中,修养健全人格是偏于个人方面,也可说是立己达己的事儿;修养健全人格,实行互助生活,是立达的根基;改造社会,促进文化,是立达的结果。总之,这四句话的宗旨,都是互有关连而且互相联贯。综合这几句话,才能成为立达的人。[①] 立达一直都把培养健全人格作为教育宗旨,从"人"出发,教人做人。

要想培养出"立达人"(立己立人,达己达人),就要实施"引发教育"。为实现"立己达人"的教育观,立达中学提倡以爱的教育、感化教育为核心内容的"引发教育",即引导、启发、帮促、激励学生自主发展的教育。它遵循的是以全面贯彻党和国家的教育方针、教育规律和育人规律,走以内涵发展之路;在提升"硬实力"中发展"软实力",切实抓好立达品牌与"引发艺术教育、滋长个性资能"特色创建;坚持

---

① 孙怀山.新型别致的立达学园[A].匡互生和立达学园:教育思想教育实践研究[C].北京:北京师范大学出版社,1993:32.

"让个性自然发荣滋长"的办学理念和"立己立人，达己达人"的校训，努力提升办学品位，发展学生个性特长。

校训——立己立人，达己达人

校风——合作互助，和而不同

教风——人格感化，教唯以爱

学风——自主合作，质疑思辨

三、"生而平等"的学生观

什么是学生？《现代汉语词典》解释为"在校读书的人""向老师或前辈学习的人"。修饰语是"在学校读书""向老师或前辈学习的"，中心词是"人"。这个定义仅仅概括了学生的表征，是从人的活动范围和学习的对象上来解释学生的。德国大教育家福禄培尔在谈到关于学生的定义时指出："一个学生或少年儿童，一旦进入学校，便会越出对事物的外部观察而进入对事物内部的观察，因而也是达到对事物的认识、洞察和形成意识的观察，以及他脱出家庭秩序而进入更高的世界秩序圈子进入到广阔的世界的儿童。"[①]我们应该树立的"完整"学生概念是人的一般性和特殊性、生物性和人文性的高度结合体。简而言之，学生就是创造性的运用符号学习一切陌生东西从而生成理想自我的人。

从《立达学园旨趣》中可以看出，"我们坚信人类生而平等，个个人都有享受教育的权利，都应该有机会尽量发展天赋的资能……"[②]对于学生的认知，是基于对人性的基本认知，对教育的基本观念，以及对学生角色的具体认识。立达秉承"教育是社会的义务，不是社会的恩惠"的思想，认为人"生而平等"，应该提供适合其个性发展的教育，师生间要在彼此了解的基础上互相尊重，在充满爱的氛围中解放人性，发展个性，润物

---

① 廖富国. 西方大师论儿童教育[M]. 合肥：安徽文艺出版社，2010：83.

② 匡互生、朱光潜. 立达学园旨趣[A]. 匡互生和立达学园：教育思想教育实践研究[C]. 北京：北京师范大学出版社，1993：107；匡互生. 立达、立达学会、立达季刊、立达中学、立达学园[A]. 匡互生和立达学园[C]. 北京：北京师范大学校史资料室，1985：19-31.

无声。

创建初期的立达学园,在对于人性及教育理念上,有两个信条。① 一是要"容恶",相信恶是人生所不可免的事实,人生的责任,在乎能发觉恶而改善他。所以,"恶"并不足为人生之病,教育在于使善的变得更善,恶的渐变为善。若学生身上出现"恶"的现象,不能只嫌恶他,驱逐他,发现学生做了恶事,应该有同情,有原谅,予以自新。二是要"重自律而不重他律"。凡是德行,非出于自动不可。如果因为外力而勉强行善,很容易流于伪善。因此,不能以规则钳制学生,不以惩戒恐吓学生,不以威严压迫学生,不以空论训斥学生。立达最终的目的是促动学生的自律心,增进学生的自律力。因此,要感化而不是强制,用人格而不是规则。

立达中学坚持的学习观认为学习主要有以下基本特征:强调人人都有受教育的权利,社会应为儿童提供契合的教育;学习是成就自己与社会的一致性过程;学习者是积极主动的知识探究者与社会建构者,学生在探究、学习中建构性的学习,参与学校治理与社会活动;学习者能在学习过程中产生探究的任务,对自己的学习进行自我监控、自我检查和自我分析等反思性学习;学习是全人格的而不只是聚焦于智识活动,学习是全方面而多元化的。秉承立达传统,学校一直把学生个性自然发荣滋长作为教育的根本追求,充分发挥学生的主动性,尊重学生的个体差异性,在生而平等基础上,让学生能够借助于引发而立己达人。

四、"虔诚信仰"的教师观

教师是"立教之本,兴教之源",是教育健康发展的重要资源。"引发教育"倡导的是全人教育、人格感化教育、个性化教育,所以转变教师观变得更为重要,其与传统教师观的差异也更为显著。

立达中学的创建者之一匡互生先生曾在《青年教育者的修养》中指出:"一定要承认'教育者'除了知识,还有别的没价值(unvaluable)的条件;这个条件就是教育者从修

---

① 沈仲九.关于中等教育之一种小小的试验[A].匡互生和立达学园:教育思想教育实践研究[C].北京:北京师范大学出版社,1993:142-143.

养上所得到的为了负教育的使命必要无缺的精神。"①具体说来,他认为青年教育者的修养包括对宗教的态度、对艺术的态度、对科学的态度等。宗教的态度是对于教育的虔诚的信仰。要去除求速效的习惯,教育的目标、实施、方法都要有宗教一般的态度去对待,讲究因缘,付诸精神。有了宗教的态度就不容易动摇。艺术的态度,是无所容心而无分别见地同情的综合的表现。在匡先生看来,教师有时候只秉承宗教态度,精神上"为己",实在是"为他"的牺牲色彩变成了苦行僧的状态,这种只承认大生命而忽视了自己同承认自己而忽视了大生命是同一不完满的。所以,实施教育要有艺术的态度,教育本是艺术的,尤其在维系人与人之间交往互动时,师生相互影响不能不有艺术。宗教的态度使教师保持了与教育稳定的关系,艺术的态度,丰富了青年教师的生活,能够过得了认知客观世界之外的团体生活。匡互生先生对当时教师容易出现的几个毛病的批评,今天依然具有教育意义。一是笼统,不是综合,教师在教学时不能采取统一文案,解决教育问题也不能一概而论,不能忽视教师的个性。二是武断,从笼统的思想中,不寻找证据,武断解决遇到的问题。三是因袭,苟且某种表现,不批判、不求进步就不能具有科学的态度。四是虚伪,尤其在权势与资深的人面前,做不到诚实。教育是人对人的事业,是精神的事业,是进步的事业,所以匡互生先生告诫青年教育者要有确定的信仰,丰富的情趣和精密的头脑。②

正如叶澜教授所言:"没有教师生命质量的提升,就很难有高的教育质量;没有教师精神的解放,就很难有学生精神的解放;没有教师的主动发展,就很难有学生的主动发展;没有教师的教育创造,就很难有学生的创造精神。"③因此,教师即课程,教师的德性、审美、发展观,直接影响着教育的生态、教师个体及学生学习。教师职业的本质是创造人的精神生命,而不只是传递。教师最本质的力量来自其生命内部的源动力,这与其他职业本质上并无差别,教师不是教书的"工匠"与"机器",对教师功能的过分追求会阻断教师生命对教师职业的滋养。所以,教师是什么,教师是以全人格、整个人的生命在职业生活中影响另一个、另一群生命的人和职业。教师首先是人,其次才是职业人。教师是以全部的精神生命样态来引发学生茁长的人。

---

① 匡互生.青年教育者的修养[A].匡互生和立达学园:教育思想教育实践研究[C].北京:北京师范大学出版社,1993:119-130.

② 同上.

③ 叶澜等.教师角色与教师发展新探[M].北京:教育科学出版社,2001:3.

对于教育虔诚的信仰,是为师者高尚与坚守的精神前提。基于这些理念,立达中学强调诚实与意力,突出人格感化,主张教师以"全人"的姿态来影响全部的人与人的全部。在对待学生上,强调尊重与个性;在对待教学上,强调教师的帮助、引导;在对待自我上,教师要反思;在对待同事上,教师要合作。立达中学实施人格感化教育,必须解放人性,发展个性;教育者自己要身体力行,做出表率。师生之间,在人格上要互相尊重,平等相处,诚于中形于外,惟至诚才能至真,以诚感人,才能以真服人。

立达中学门楼上有一块"春风桃李"的牌匾。把这块牌匾置于门楼之上,为的就是张扬这块牌匾上四个字的内涵及其价值取向,以激励教师构建和谐的师生关系,做春风化雨的教师。杜甫在《春夜喜雨》中写道:"好雨知时节,当春乃发生。随风潜入夜,润物细无声。"意思是说,"好雨"知道下雨的节气,正是在植物萌发生长的时侯。它随着春风在夜里悄悄地落下,悄然无声地滋润着大地万物。由此对比我们的教育,春风化雨型教师能够在"爱的教育"的前提下用适当的方法,在恰当的时候教育学生,使学生在潜移默化中接受教师对他们的影响。作为教师,在把知识教给学生的同时,千万不要忘记将爱、尊重、宽容深深植入学生的内心世界,三省吾身,做教师春风化雨,育桃李满园芬芳。

五、"启发自觉"的教学观

教学是学校的中心工作,是育人的基本实践活动。教学观就是教师对教学的认识或对教学的主张,具体地说,就是教师对教学目标、教学过程、教学对象等基本问题的认识。教师从这一认识出发,确定教学目标,选择教学方法,并决定在教学中对教育对象采取的态度。因此,有什么样的教学观,就有什么样的教学行为,不同的教学行为必然导致不同的教学效果。

《立达》(半月刊)中写道:"我们立达的师生,对于学问方面,不纯是记忆书本知识,要能在课本外自由研究,独立思想,以求养成科学的头脑。"[1]立达学园在明确"培养什么样的人"这一问题后,关注"具体如何教育的问题"。立达提出"自由教育""全人教

---

① 匡互生.立达、立达学会、立达季刊、立达中学、立达学园[A].匡互生和立达学园[C].北京:北京师范大学校史资料室,1985:24.

育""工学教育",以有贯彻"理想教育"方针的手段和方法。① 而自由教育、全人教育、工学教育在具体的教育教学过程中,他们都有共同的教育哲学思想基础——内因是变化的根据,外因是变化的条件,外因通过内因而起作用。匡互生先生反复提出,教育重在"引发"(即启发自觉,引导自我教育),反对"模造",反对压服,反对单纯的行政命令和惩办主义。② 在教学的过程中,立达学园倡导教育与生活相结合,教育与生产劳动相结合,教育需建立在学生生活经验基础之上,学用结合、知行合一,才能培养不脱离实际的人。

传统教学观的核心是"仓库理论",它以教师为圆心,把学校当成单纯传授知识的场所,把书本当作主要教学内容,把学生当成被动的接受知识的工具,把分数看成是评估学校教育、教师教学和学生成绩的唯一标准。其结果是严重妨碍了学生的积极思维,忽视了学生自我能力的培养,高分低能,不利于现代新人的成长。"引发教育"下的教学观念完全摒弃了这些落后的想法和方式,试图用崭新的教学观来改变这种现象,因此在现代教学观念的指导下进行了一系列的现代教学改革。首先,学科教学作为教育的基本活动形式,其目标应全面体现教育的培养目标,体现教育功能的前瞻性,体现学生的全面发展。而不只是知识的传递或增长分数的手段。其次,从"以教育者为中心"转向"以学习者为中心"。调动学生的积极性,创建全新的教学方法,从"教学生学"转变到"教学生自己学"。

"启发自觉"的教学观是"引发教育"的秉持的超越性教学观念,"引发教育"的教学观在实践中被我们提炼为"引发教学"。"引发教学"就是"在自由的环境中,引导学生自觉自主自动地发展其智识和个性"的教学。其要素是自由和谐的发展环境、教育者的引导启发和激励、学生的独立学习和自由思想、基于自觉自主自动的互助研究。

学校尝试"引发教学"课堂改革,通过改进教学方式与学习方式,创建绿色的学习环境,致力于课堂转型,促进整体教育质量的提高。"引发教学"就是引导学生发展的教学,它强调教师的主导作用和学生的主体作用,不仅关注教师的教、引导、启发,更重视学生的学,并合理利用各种资源、手段、策略,为学生的学习服务,引导学生发展。立

---

① 章乃焕.中国教育史的光辉篇章——试论立达学园教育改革实验的思想与精神实质[A].匡互生和立达学园:教育思想教育实践研究[C].北京:北京师范大学出版社,1993:68-69.
② 章乃焕.中国教育史的光辉篇章——试论立达学园教育改革实验的思想与精神实质[A].匡互生和立达学园:教育思想教育实践研究[C].北京:北京师范大学出版社,1993:69-70.

达中学"引发教学"的本质就是以学定教、智慧教学,就是要唤醒学生、思维碰撞、情感共鸣、参与体验,让学生想学、乐学,直至善学。其目的就是为学生的终生发展奠定基础。

立达中学之教学,以引导学生自主发展的"引发教学"为基本原则。(1)增进学习兴趣。循循善诱,引导学生对各学科及各领域知识发生研习兴趣。(2)培植自学能力。教学相长,引导学生自主合作地探究学问并形成习惯。(3)发展特长智能。因材施教,引导学生发展其秉性、智能与特长。(4)修养健全人格。文道统一,关注情感态度价值观,提升师生精神境界。

为实现教学观,课堂教学要做到以下几点。第一,课堂教学改革必须遵循教育规律、学生身心发展规律和学生学习规律;第二,课堂教学必须符合素质教育要求和学生可持续发展的要求,必须探索学生"自主、合作、探究"的教学模式;第三,教师是课堂教学的帮促者,要实施"引发教学"就要优化课堂氛围,尊重、信任和关心学生,建立朋友式的师生关系,使学生"亲其师,信其道,乐其学"。这样,课堂教学改革从"以教为中心"向"以学为中心"转变,从"教师导学"课堂走向"问题导学"课堂,继而走向"自我导学"课堂。

立达中学在"引发教学打造活力课堂""引发教学促进课堂转型'实践研究"等项目基础上,提出了"引发教学"的"十六字要求":以学定教,先学后教,合作帮促,质疑思辨。

六、"引发向美"的学校观

学校观是对学校的基本看法与认识,是对学校是什么样的一种总括式的认识、体悟与表达。学校不仅是一个空间或公共教育机构的场所,它本身都带有精神性与审美性。

立达中学创建初期就以"立达学园"命名,如前所述,这彰显了创建者的教育观与学校观,体现了育人中真、善、美的融合与统一。至于立达中学为什么创办早期要改名为立达学园,这里充分体现了创办者们的"学校观"。一是他们认为把学校改作学园,更彰显教育的真义。教育的真义是"引发"而不是"模造",对于被教育者,教育者须注意其全部发育,决不能偏于一枝一叶。二是他们想把园艺家的方法应用到教育上来,要享受其中的"趣味"(审美性),要与自然为伍,成为真实纯洁的人。三是大家都把学校看作"美的世界",看作"艺术的宫殿",都从中深感趣味,大家在那里,无论做什么事,都不是因权利或义务而做,也不是因受命令的强制而做,也不是为任何实际的利益而做,只是因为觉得非如此做不快活。故,花园又是极广大而自由的。四是学园育人要不拘一格,因循天性。五是创办者很想把立达建成一所兼具幼稚园、小学、中学和大学的学校。六是立达学会增加了许多研究艺术的会员,普及艺术,设艺术室,开办艺术专科,开艺术作品展览会。从教育旨趣上来讲,先贤们倾向于园艺的方法,园艺的趣味,园艺的广大久长这三者[1],聚焦于立达"学园"。

立达真正树立以"人"为本的教育思想,己欲立而立人,己欲达而达人。故此,延续优良传统,如今的立达中学依然秉奉要把学校建成一个让学生自然发荣滋长的地方,教师是一个全人的影响与存在,学校即生活,学校环境是一本带着文化的大自然的教科书,是一个可以让心灵自由绽放的地方,学校是一个教学相长,使人际之间人格互相影响的地方,是师生自在的精神港湾与身体寓所,是同伴影响最大的地方,学校不是孤岛,是全教育中的一个组成部分,是让师生过一种完整幸福生活的地方。学校是遵循天性、静待花开的地方,每个孩子都能找到自己的成长空间,成为一个个性发展的、生动活泼的人。

陶行知在论述学校观的时候说:"学校的势力不小。他能教坏的变好,也能教好的变坏。他能叫人做龙,也能叫人做蛇。他能叫人多活几岁,也能叫人早死几年。学校以生活为中心。一天之内,从早到晚莫非生活,即莫非教育之所在。一人之身,从心到手莫非生活,即莫非教育之所在。一校之内,从厨房到厕所莫非生活,即莫非教育之所在。学校有死的有活的,那以学生全人、全校、全天的生活为中心的,才算是活学校。死学校只专在书本上做功夫。介于二者之间的,可算是不死不活的学校……"[2]陶行知认为,学校是师生共同生活的处所。他们必须共甘苦。学校内实行人格感化教育,教师必须感化学生,学生也要感化教师,相互影响。除此,康健是生活的出发点,亦就是学校教育的出发点。生活之发荣滋长须有吸收滋养料的容量。学校教职员必须虚心,学而不厌。学校生活只是社会生活的一部分,是社会生活的起点。我们要学校生

---

① 匡互生. 立达、立达学会、立达季刊、立达中学、立达学园[A]. 匡互生和立达学园[C]. 北京:北京师范大学校史资料室,1985:28-30.
② 陶行知. 我之学校观[J]. 生活教育,2020(06):1.

活圆满,就得要把他放在光天化日之下。可见,陶行知和匡互生他们同时代的教育贤达具有相似的观点,对学校观的认知也影响深远。

概括而言,在"引发教育"理念中,学校是一个美好的存在,也是引发人走向美好的地方。这一美好囊括了真、善、美,不仅是精神层面,还有外在风貌。"引发"是教育的原动力,使每个人更美好,继而美美与共。

第 三 章

「引发教育」的德性谱系

「赤子护心越百年，化雨春风正绵延。」如果没有爱，学校便是无水之池。且将诸君情之水，引入此间满池塘。在爱与感化的德育鹄的之下，立达中学采用「以爱理人、以礼达人、以理觉人、以美化人」的德育路径落实五育融合，采取「五统一、五结合」模式，形成「三结合」的育人格局，引导和帮助学生自主管理与德性成长。

立达学园自1925年由匡互生偕同丰子恺、朱光潜、陶载良、刘熏宇等人创办冠名至今，已有近百年的历史。在几代立达人的努力下，学校奠基了深厚的文化底蕴，形成了独特的办学传统。从李叔同所作立达校歌歌词——"立己立人，达己达人，吾校之训，拳拳服膺。好学、力行、知耻、日新又日新。互助、奋斗、创造，求民族复兴"中也可看出，立达学园的宗旨是通过修养人格、研究学术、发展教育，达到改造社会、拯救中国的目的。百年传承，我们不改初心。立达特别注重人格教育，树立了一切为学生形成健全人格的教育，明确了八种"立达精神"——互助、牺牲、刻苦、自由、自动、自治、平等、亲爱。

立达中学以"把学校办成在继传统、求创新、创特色等若干方面在全市有一定影响力的历史名校"为纲领目标，通过深化"让学生的个性发荣滋长"的办学理念，实践"立己立人，达己达人"校训，贯彻"人格感化、教唯以爱"教风，提升"自主合作、质疑思辨"学风，将抽象的概念层面的"合作互助、和而不同"的校风有力地体现在学校的教育教学行为与成果之中，实现了继往开来、重铸辉煌的规划总目标。

在"引发教育"办学哲学思想的引领下，学校在德育方面提出了"引发德育"的概念，并开展了深度实践研究。立达中学以"引发德育"的四个核心词——以爱立人、以礼达人、以礼觉人、以美化人为德育纲领和指导，坚持"目标引领、人文熏陶、情感催化、纪律约束、榜样感染、环境影响、活动充实"的基本原则，将校本课程、校内德育活动和校外社会实践活动进行整合。学校重视德育，逐步形成了一些德育教育精品。学校建设的德育课程"模拟长征，远足佘山"成为松江区德育特色项目。每学年一次的体育节、文艺节、科技节、读书节、"红烛情"教学节有序开展。20多个学生团体，既营造了学校的人文氛围，又推动了学生个性化持续发展。同时，取得了一批丰硕成果，例如以机器人制作为主要内容的科技项目七年来共获得国家级、市级一、二、三等奖500多项。

一、绵延教育之水

进入立达中学"春风桃李大门"，跃入眼帘的是一个带水池的雕塑，同时能听到悦耳的流水声,这水是从雕塑的"心形图"底流出的,寓意从心底流出。这个心形就是"赤子护心",也就是立达中学校徽的原始造型。带水池雕塑的名字来源于丰子恺的《教育之水》漫画,而我们认为漫画的名称来源于夏丏尊的《爱的教育》。丰子恺用漫画和立达的校徽,来诠释夏丏尊的《爱的教育》,同时表达出创办人想把立达办成他们心中的理想学校的信念。

"妈妈的教育"代表人夏丏尊在《爱的教育》译者序中写道:"学校教育到了现在,真空虚极了。单从外形的制度上方法上,走马灯似的更变迎合,而于教育的生命的某物,从未闻有人培养顾及。好像掘池,有人说四方形好,有人又说圆形好,朝三暮四地改个不休,而于池的所以为池的要素的水,反而无人注意。教育上的水是什么? 就是情,就是爱。教育没有了情爱,就成了无水的池,任你四方形也罢,圆形也罢,总逃不了一个空虚。"

《爱的教育》原名《考莱》,在意大利语是"心"的意思。原是描写情育的,这也是立达"引发教育"德育原则之一"情感催化"的出处。原来夏丏尊想用《情感教育》做书名,后来恐其与法国佛罗贝尔的小说《感情教育》混同,于是在丰子恺等具有共同教育理想的同仁的建议下,改名为《爱的教育》。

1925 年立达建校,倡导以"人格感化教育"和"爱的教育"为核心理念的"引发教育"。为此,丰子恺创作《教育之水》漫画,以赤子之心立人、达人,以师生从心底流出的"情之流"注满学校教育的池塘。

2014 年,立达中学"校安工程"改造结束后,考虑学校文化建设的布局,立达人认为,要向立达前辈们学习:用心做教育,建设有传承百年办学思想有标志性的物化的标志,以物感人,教育人。2015 年秋,学校根据此画,建造《教育之水》雕塑,以传承"引发教育"思想。匡互生认为,"化人当如春风化雨";丰子恺认为,教育就是"赤子护心";朱自清认为,"师生之间勿缺情之流、爱之水";夏丏尊认为,"教育之水是什么? 就是情,就是爱。有了情、有了爱,学校教育就成了有水池塘,这种理念引领了一个时代的教育改革。复旦大学原中文系主任陈思和教授认为,当时立达中学的教育思想超前100 年。

今天我们立达人把这幅漫画做成一个有浮雕、喷泉的有水之池,用艺术的手法来进一步诠释当今立达中学所传承的"引发教育"。

"引发教育"就是引导、启发、激励、帮促学生自主发展的教育。"引发教育"的核心内容就是爱的教育、人格感化教育。"引发教育"指出,如果教育没有了情爱,学校就成无水之池,无论教育形式如何,方法手段如何现代化,都不能起到本质的作用,不能实现教育目标,达不到教育目的。同时强调,教师广博的爱心就是流淌在学校教育之池中的水,这水从教师的赤子之心流出,是情之流,爱之水。这情爱之水时刻滋润着学生的心田,如春风化雨影响感化着学生,引导启发激励帮促学生成长,这才是教育的真谛!

然而,在我们的教育实际中,面对调皮捣蛋、无知的顶撞和无邪的恶作剧的学生,有个别教师尽管在心里一再提醒自己要注意克制,学会忍耐,但也难免有过言辞激烈的冲动,没有做到用情之流、爱之水感化学生。一个真正伟大的教育家,是不会与学生计较的。他应该做的是,有教无类,因材施教,一切为了学生,一切从学生利益出发,以无言的行动影响和感动学生,引导和帮助他们健康成长、自由发展。

现在我们倡导"教育之水",那么"教育之水"到底是什么?"倡导是无微不至地、深思熟虑地、小心翼翼地触及年轻的心灵,用心灵去呼唤心灵,用智慧去引发智慧。"无论面对什么样的学生,我们都愿意用最伟大无私的爱去浇灌他的心灵,让每个孩子的心田都流淌着我们滚滚的爱。用爱之水注满教育之池。这些都需要我们用高尚的师生情去引领、去启迪,春风化雨,润物无声。夏丏尊先生指出:"教育没有了情爱,就成了无水之池。"在我们的教学中,大量的实践告诉我们:爱是一种有效的教育手段,爱本身就是人类最美的语言,它不论你是否有明确的承诺,都会像春风一样潜入人的心田。

每个孩子都是一本书,一本千奇百怪、色彩斑斓的书,里面蕴含着多少精彩的章节,多少深刻的寓意啊!教师唯有用爱的心灵才能读懂他。当我们教师用爱的心态去对待孩子的每一次过失,用爱的心态去等待孩子的每一次进步,用爱的目光去关注孩子们的每一个闪光点,用爱的心情去赞许孩子的每一份成功时,我们就赢得了孩子们的心,就获得了教育的主动权。

立达中学语文教师杜玉清写道:"赤子护心越百年,化雨春风正绵延。且将诸君情之水,引入此间满池塘。用情之流,爱之水,全面推进教育教学改革,我们坚信大力弘扬'引发教育'光荣传统,再创立达中学辉煌。"

二、人格感化和爱的教育

匡互生明确提出:"授予知识并不是学校唯一的使命。教育倘使只偏重于知识,结果恐怕还是危险的多。若学生能够树立远见,养成优良品质,成为一个真正的人,那么教育的功能也就差不多了。"①立达自建校起,就始终把握"培养什么样的人"这一重要方向,始终把德育作为立德树人的根本任务与前提,高度重视德育对于学生全面发展的重要意义。

刘薰宇在立达任教时,曾刊有《全人教育论发端》一文,他提出:"'全人教育'是以全人为目标,用教师的全人活动指导学生的全人活动为手段的教育——'全'不是'完全'的意思,是'整个'的意思。"②"教育者不将被教育者整个的人格作为对象,用自己整个的人格来实施,教育是无效的。""全人教育"如何实施,其重要的手段是"人格感化教育"和"爱的教育",人格感化教育的理想。匡互生、朱光潜起草的《立达学园旨趣》指出:"一方面要具有社会的组织和互助的精神,一方面要充满家庭的亲爱。大家都欣合无间,极力求由敬爱而发生人格感化。"③"爱的教育"是立达很重要的一项教育内容,使用的校本教材是立达老师叶圣陶极力推崇、夏丏尊亲手翻译出版的意大利教育学名著《爱的教育》。

1925 年,匡互生等人在上海江湾创办立达学园,明确提出办学的主旨是"修养健全人格,造就真正的人,以促进文化,改进社会"。匡互生认为,教育的真义是引发,教育者的责任是使被教育者在自由发展的环境中个性自然发荣滋长。这在教育大变革的今天,依然具有前瞻的引领作用,对于新世纪中要实现跨越式发展的立达中学而言,更是无法比拟的精神财富。结合立达学园的育人理想与中学生核心素养,我们从中提炼出"引发教育"的德育内涵的基本原则即"目标引领、人文熏陶、情感催化、纪律约束、榜样感染、环境影响、活动充实"。

要真正实现对于"立达学园"精神的一脉相承,让立达精神在我校的跨越式发展中焕发蓬勃的生命力,我们的当务之急是围绕"引发教育"的德育理念,以创建上海特色普通高中,实现我校跨越式发展为目标,构建立达特色德育体系。社会责任、人文底蕴、科学精神、审美情趣、身心健康、学会学习、实践创新不仅是立达先贤的教育理想,

---

① 章乃焕.中国教育史的光辉篇章——试论立达学园教育改革实验的思想与精神实质[A].匡互生和立达学园:教育思想教育实践研究[C].北京:北京师范大学出版社,1993:68.

② 刘薰宇.全人教育论发端[A].匡互生和立达学园:教育思想教育实践研究[C].北京:北京师范大学出版社,1993:257-267.

③ 匡互生、朱光潜.立达学园旨趣[A].匡互生和立达学园:教育思想教育实践研究[C].北京:北京师范大学出版社,1993:108.

更是当今社会对学校立德树人的要求。要达到这样的目标,首先需要教师的理解、学生的演绎、家长的参与;其次,要紧跟时代步伐,洞察时代现状,融合学校人文底蕴、历史传承与社会需要;再次,要重视人的生存与发展,重视人的心理内因,实行主体育德。

爱的教育与人格感化是"引发德育"的基本底色,具体则包括以爱立人——实行感化教育,健全人格;以礼达人——实行处群教育,友爱互助;以理觉人——实行疏导教育,明事知理;以美化人——实行熏陶教育,修养全人。"五育融合"是教育的基本路径,我们很难有"有且只有"的智育、德育、美育、体育等独立块面,在实践中围绕德性成长,立达中学跨育融合。

第一,以爱立人。实行感化教育,健全人格。教育之水能泉涌不绝,其核心就是"爱"。学校坚持以德育为首位,不仅倡导"以爱立教",更要让学生的成长留下"以爱立人"的烙印。爱党爱祖国,爱校爱家乡,尊师爱教,热爱集体,要让学生对自己、对他人、对社会有着充盈的爱心,更要用爱心"浇灌"学生的成长。

第二,以礼达人。实行处群教育,友爱互助。学会相处,友爱互助,是处群教育的核心内容,更是孩子成长的关键环节。悦纳自己,善待他人,文明礼让,宽容互助是我们创建温馨班级、和谐校园的主题词。学军学农的集体主义教育让学生增强团结意识,公益活动让孩子们心怀他人,运动会、各种比赛更让同学们在竞争中提升集体荣誉感。

第三,以理觉人。实行疏导教育,明事知理。找准人生的方向,明晓对于学生而言,自身该有的作为是最重要的人生课题,而这些从来不是靠说教就能取得良好的教育效果的。我们通过浸润式的参观高等学府、听讲故事等活动让学生感受他人的成长、实践体验……让立达学子知晓努力的价值与奋斗的方向。

第四,以美化人。实行熏陶教育,修养全人。教育就是播种与收获——播种美,更要收获学生感受美、播撒美的能力与品格。我们立达德育重在熏陶与践行,用学校的丰厚的文化底蕴与特色浸润孩子的成长,让学生在成长中呈现出立达学子感受美、播撒美的精神气质。

三、自立自强,担当奉献

根据学校的培养目标以及《中小学德育工作指南》的要求,结合学生的身心发展规律、时代发展要求与学生学情、家情、校情,立达中学经多次研讨,分别形成了初中与高中阶段的德育总目标、发展目标与分层目标。其核心思想是在不同年龄阶段,形成适合其年龄的自立自强品质与技能,能够逐步具有担当奉献的意愿与能力。

立达中学初中学段德育总目标:教育和引导学生热爱中国共产党、热爱祖国、热爱人民,认同中华文化,继承革命传统,弘扬民族精神,理解基本的社会规范和道德规范,树立规则意识、法治观念,培养公民意识,掌握促进身心健康发展的途径和方法,养成热爱劳动、自主自立、意志坚强的生活态度,形成尊重他人、乐于助人、善于合作、勇于创新等良好品质。

立达中学初中学段德育发展目标:理解基本的社会规范和道德规范,树立规则意识、法治观念,培养公民意识;理解立达引发德育的以爱立人,以礼达人,以理觉人,以美化人。

德育发展各年级具体目标:

(1) 预初:理解基本的社会规范和道德规范,巩固小学养成的良好行为规范;

(2) 初一:能够践行基本的社会规范和道德规范,良好的行为规范相对稳定;

(3) 初二:能够主动培养对规则意识,在校内外均有良好的行为规范;

(4) 初三:在遵守行为规范的基础上,逐步养成并践行法治观念和公民意识。

立达中学高中学段德育总目标:教育和引导学生热爱中国共产党、热爱祖国、热爱人民,拥护中国特色社会主义道路,弘扬民族精神,增强民族自尊心、自信心和自豪感,增强公民意识、社会责任感和民主法治观念,学习运用马克思主义基本观点和方法观察问题、分析问题和解决问题,学会正确选择人生发展道路的相关知识,具备自主、自立、自强的态度和能力,初步形成正确的世界观、人生观和价值观。增强公民意识、社会责任感和民主法治观念,积极践行良好的行为规范并能影响周围的人;积极践行以爱立人,以礼达人,以理觉人,以美化人。

德育发展各年级具体目标:

(1) 高一:培养乐观自信、勇于担当、刻苦努力、无私奉献的品质;

(2) 高二:培养爱人克己、守信讲义、合作互助、有所创新的品质;

(3) 高三:培养明事知理、爱国笃行、自强自律、修养人格的品质。

为了实现上述目标,基于"引发教育"之理念,我校建立"双主"德育工作模式,即以学生自我管理为主,活动为主要载体的德育工作模式,努力践行"五个统一""五个结合"。

"五个统一":在德育的内容上,体现政治、思想、道德、心理健康教育的统一;在德育的过程上,体现认知、判断和实践的统一(即知、情、意、行的统一);在德育对象上,为国育才,为党育人,体现成长、成才和成人的统一;在德育主体上,体现教师和学生互为主体的统一;在德育环境上,体现学校、家庭和社会的统一。

"五个结合":一是把德育工作与校本课程开发结合起来;二是把德育工作与课堂教学结合起来;三是把德育工作与社会实践结合起来;四是把德育工作与校园文化建设结合起来;五是把德育工作与教育科研结合起来。

为了更好地落实"引发德育"的目标和任务,我们分年段开展人格教育。(1)初中段:注重养成教育,培养学生良好的学习习惯和行为习惯;注重社会教育,培养学生的团队精神和合作精神,引导学生关注社会,服务他人。(2)高中段:努力塑造学生自尊、自爱、自立、自强、创新的精神品质,注重理想教育,培养学生爱国、爱党的高尚情操。

1. 重视德育与各学科教学统一,提高学生道德素养

发挥思想政治教育的核心作用,把时事政治、民主与法制教育、心理健康教育、行为礼仪教育等专题有机整合起来,注重学科教学中的德育统一,把德育与培育人文精神和科学素养有机统一起来,体现德育活动的政治性、时代性、人文性和科学性,重点形成语文、历史、地理、生命科学等学科德育统一的特色项目(见表3-1)。

表 3-1　学校常规德育课程

教育主题		教育目标
思想政治课	思想政治教育	学习马克思主义毛泽东思想,中国特色社会主义理论,树立科学的人生观、价值观,了解我国政治、经济、文化等方面的发展状况
	时政教育	提高对国内外重大时政事件的分析、鉴别能力,拓展学生的国际视野
	民主与法制教育	掌握基本的法律知识,具备民主意识、法制意识和合理运用法律工具维护自身利益的能力

教育主题	教育目标
心理健康教育	普及心理健康教育,掌握克服困难,把握挫折,释放压力,自我调适的能力和基本技能,培养稳定的心理品质
文明礼仪教育	掌握不同场合的礼仪规范,提升学生的文明礼仪素养
学校坚持每学期举行一次"行为规范示范星""十佳道德少年"评选活动,以身边榜样示范引导	

2. 开展社会实践活动,塑造学生良好的道德行为

第一,社会考察、社会实践活动。社会考察活动以自然和社会作为课堂,组织学生亲吻自然,接触社会,以广泛的教育内容、形象生动的教育形式和多样的教育手段,使德育活动具有针对性、主动性、实效性、科学性,培养学生自觉探究能力、创新能力、社会活动能力和审美能力(见表3-2)。

表3-2　社会考察、社会实践活动

年　级	学　期	内　容	地　点	结合学科
预　初	第一学期	校史教育	校园	历史、语文
		乡土教育(松江寻根)	城展馆、博物馆、广富林遗址、天马山等	拓展课
	第二学期	社会考察	东海大桥	语文、地理
初　一	第一学期	社会实践	南北湖	语文、地理
	第二学期	远足佘山、模拟长征	佘山	历史、思品
		法制教育	上海少教所	思品
初　二	第一学期	民防教育	市民防基地	科学、民防
	第二学期	禁毒教育	市禁毒馆	生物、政治
		社会考察	安亭老街、汽车博览公园	历史
初　三	第一学期	社会实践	常州	科学、语文
	第二学期	爱国主义、理想教育	市科技馆、一大会址	物理、思品
高　一	第一学期	军训	军训基地	政治
		国防教育	东方绿舟	历史

年　级	学　期	内　容	地　点	结合学科
高　一	第二学期	远足佘山、模拟长征	佘山	历史、政治
		社会考察	东海大桥	语文
高　二	第一学期	民族文化教育	绍兴	历史
	第二学期	学农教育	学农基地	政治、生物
高　三	第一学期	革命传统教育	南京	历史、语文
	第二学期	十八岁成人仪式	校园	政治

第二,社会志愿者服务活动。通过组织学生参与学校社区实践活动,培养其社会责任感,提高其能力和综合素质,丰富学生的成长经验,开阔国际视野和提升国际意识,促进"恭(自尊),敬(尊重他人),信(守信、诚实),敏(主动行动),惠(顾及他人)"等品质的养成。从而提高德育实效性和学生的社会适应能力。探索学生"社会服务积分制",构建学生社会服务评价模式(见图3-1)。

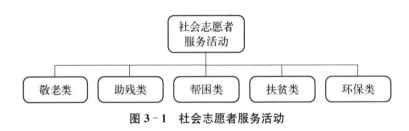

图 3-1　社会志愿者服务活动

第三,结合重大节庆活动,进行爱国主义、国际视野教育。重大节庆活动是爱国主义和国际视野教育的重大载体,也是学校德育的重要内容,增强学生对民族文化和民族精神的认同。其中五四青年节对于我校尤具特殊意义,可以引发学生对学校创办者匡互生、周予同等人的敬仰之情。

第四,加强校园文化建设,由爱校走向爱国,为学生个性化发展搭建舞台。"立达的师生是幸福的,他们朝夕与这些大师生活在一起。"(新华社资深记者赵兰英语)组织学生参观校史馆、雕像群,阅读《立达名师散文选读》。注重以艺术教育滋养学生的心灵和高雅情操的养成。学校预初、初一、初二、高一开设书法课程,成立书法社团,在高中成立美术社团、辩论队,学校建立歌舞队。遵循自愿、自主、创新、成才的宗旨,重点扶植"三团一队"。立人生的美化而达人生的净化。通过开展丰富多彩的校园文化活动(校本节日),使学生的校内生活多样而丰富。每年在暑假前举办一届隆重而高雅的初、高三毕业典礼,由全体学生参加,让学生向往崇高,心系立达。开设各类讲座,如心理健康教育、青春期知识教育、人文知识教育等。

第五,强化个性心理辅导,提供优质心理健康教育。做好有心理困扰或心理障碍学生的个别咨询及转介、康复工作,通过校园网、建立心理辅导的网上谈心坊。形成比较完备的学生个性诊断、干预机制。丰富学生成长个性记录数据,完善记录系统的功能,加大个性记录对教育、教学工作影响的研究力度,通过研究揭示学生个性表现及形成与学生业绩、学生整体素质的内在关系,及时调整教育、教学策略,促进学生健康成长。教育关注生命的完整。在初一、高一年级开设心理辅导课,使心理健康教育与学生当下生存、今后的发展和学校教育有机结合,促使学生把当前的学习与未来的人生规划结合起来。

3. 搭建家长德育网络

第一,家长学校。学校、社会、家长对德育工作各自要有合理的分担。整合永丰地区各学校人才资源,聘请专家、学者、领导为主讲人,根据学生年龄心理差异开设讲座。每学期开设一次家庭教育讲座,帮助家长进一步了解新形势下青少年教育内涵,尤其对于青少年"早恋"现象,祛除家长的紧张情绪和教育的陈旧观念。提高家长教育子女的水平。

第二,家长委员会。成员按一定比例分配,结构合理,家长委员会工作有效。充分发挥社会、家长对学校教育、教学工作的参谋、监督作用;宣传国家、市教委、区教育局有关教育政策法规和制度。

第三,社会德育资源库。充分发挥社会资源在德育中的作用,组建"立达中学德育讲师团"。邀请科学家、法官、律师、民警、劳动模范、英雄人物、优秀校友等来校进行讲座或与学生座谈、辅导等。重点建成"10师"(10个德育专家或辅导员)、"10生"(10个本校往届优秀毕业生)、"10馆"(10个纪念馆与碑)德育资源库。

4. 培养自主型、学习型、创新型、全员化的学生干部

第一,学生干部队伍建设。充分发挥共青团、少先队、学生会、各班班会组织作用。党支部、政教处加强对其领导与支持。对每届改选、每学期工作计划与执行都做到心中有数。学校的每一次重大活动都让学生干部参与策划,全程参与、组织。学校有关

学生学习、生活的重大举措或改革,通过听证制形式充分听取学生干部的意见。

第二,学生干部队伍学习型、创新型建设对学生干部,学校贯彻"在使用中培养,在培养中使用"相结合的原则。

理论学习:通过组织学生干部学习"中国特色社会主义理论"等知识,提高学生干部的理论水平。充分利用学校信息化平台,建立"实验网络学校",分批对学生干部进行培训。

实践学习:组织学生干部走出校门,与外校学生干部开展座谈,交流经验。

第三,学生干部队伍全员化建设。创设使全体学生参与学校管理,人人当家作主的良好氛围。轮到值勤的值周班,对全校学生在穿着打扮、行为举止、场地卫生、自行车停放、食堂用餐等各方面的表现进行管理,向学校有关部门直接反映情况,提出合理建议。

四、通过生活来自我影响

"引发德育"试图调和理性主义道德观和功利主义道德观的矛盾,构建"全员、全方位、全过程"育人机制。我们把传统道德哲学中的行为动机与后果、性格与行为、心灵与世界、灵魂与身体、目的与手段等截然划分的二元论试图调和,兼顾道德的内外部因素,认为兴趣、动机、愿望等因素与行为的实际后果难以分割,互为一体,它们是一个连续性活动的两个方面。杜威给"德行"下过一个定义,即一个人能够通过在人生一切职务中和别人的交往,使自己充分地、适当地成为他所能形成的人。[①] 这一定义,足见杜威强调社会性交往活动对形成德行的作用。杜威曾指出衡量学校行政、课程和教学方法的价值的标准就是它们被社会精神鼓舞的程度。他还说,威胁学校工作的巨大危险是缺乏养成社会精神的两个条件[②]:其一,学校生活本身首先必须是一种社会生活,具有社会生活的全部含义;其二,校内学习应与校外生活连接起来。缺乏这些条件是训练有效道德的阻碍。

基于此,"引发德育"既注重学校生活的"社会性",又重视将校内外生活有机结合

---

① 约翰·杜威.民主主义与教育[M].王承绪,译.北京:人民教育出版社,2001:374-375.
② 约翰·杜威.民主主义与教育[M].王承绪,译.北京:人民教育出版社,2001:375-376.

起来;既注重德育的直接内容,又注重教育过程的合乎道德性,还追求教育结果的道德性;注意学生在校生活的方方面面,重视德育体系自身的建设,注重促进"引发德育"实践有效性的保障机制的建设,用生活的全部来影响学生的全部。

(一)完善机制,夯实德育工作基础

建立和完善校长及主要职能部门的德育工作体制。学校把德育工作作为一项重要内容,将其落实到教学、管理、后勤服务等各环节。同时,牢固树立"以人为本、德育为先"的观念,把德育工作放在一切工作的首位,并将之贯穿于学校的各项工作。全体教职员工做到教书育人,管理育人和服务育人。人人育德,德育人人。

政教处每学期制定计划,根据学生实际和学生的年龄特点,目标明确、内容具体、主题突出,重点围绕社会主义核心价值观教育、体现出针对性和实效性。

通过摸索、学习、实践先进合理的科学管理理念,逐步理顺和改进管理体制,依托各种形式的班主任培训工作,逐步形成一支团结协作、无私奉献、勤于育人具有创新精神的学校德育工作骨干队伍。每学年第一学期,政教处依据工作计划,充分整合校内外教育资源,对班主任进行了大型培训工作,更新班主任的教育理念,提高班主任的工作能力。政教处更是整合了班主任例会、班主任经验交流、班主任理论培训、德育课题探究等内容,以"班主任成长坊"为平台,以"家庭教育指导研究""班级学习团队的合作行为研究""新优质班集体创建的实践研究""主题班会有效性研究""中学生交往能力培养的实践与研究"等课题研究为依托,把班主任培训工作做实做细。

(二)全员育人,提高德育管理水平

建立了一支以学校德育工作领导小组为核心,以年级组长、班主任为骨干,由全体教师组成的德育队伍,健全了班主任聘任、培训、考核、评优流程以及班主任常规工作制度,加强师德建设,发挥教师的垂范作用。

以"班主任成长坊"为平台,帮助班主任提高育德能力,以日常班级管理为抓手,以分层教育、多元评价为主线,加大力度对后进生进行转化帮教以及对优秀生的培养;以初中学段工作的可持续性发展为重点,以年级组为单位,提高年级组长的协调组织功能,强化班主任的工作职责,有效发挥年级组团队的核心作用。

充分发挥课程德育功能,本着人人都是德育工作者的理念,将德育要求细化落实到各学科课程的德育目标之中。政教处引导各学科教师依据课程标准和学生实际情况,设计相应的教学活动,在传授知识和培养能力的同时,将积极的情感、端正的态度、正确的价值观自然融入课程教学全过程,探索结合学科教学开展德育工作的有效途径和方法,打造了一批本校"学科德育精品课程",培育了一批优秀德育工作者,提升了综合育人效果。

2015 年我校打造了"学科德育精品课程":

初中思想品德"养家的父母最辛苦",执教教师刘红丽;

初中历史"从立达学园看民国时期的教育",执教教师高勇;

初中科学"泌尿系统",执教教师王小云;

初中化学"沉淀图象解析",执教教师徐巍;

初中物理"械运动教学设计",执教教师白丽丽;

初中语文"藏羚羊跪拜",执教教师武剑;

初中数学"解直角三角形的应用",执教教师高芳;

初中数学"平面直角坐标系",执教教师胡强;

初中英语"A more enjoyable school life",执教教师刘玥;

初中体育"足球基础技术",执教教师陈仲佳;

初中美术"线的疏与密",执教教师马会学。

身正为范,提高全体教师职业道德素养。学校以党的十八大和十八届三中全会精神为指导,以《中小学教师职业道德规范》为中心,以《国家中长期教育规划纲要》纲领,以教师职业道德规范为准绳,以更新师德观念、规范师德行为、提升师德水平为重点,进一步深化师德建设,提高师德素质;以爱岗敬业,教书育人为核心,以规范教师从业行为为重点,提高教师队伍的职业道德水平,弘扬高尚师德,强化师德教育,力行师德规范,建设一支师德高尚、业务精湛、与现代化教育相适应的高素质教师队伍,促进教育又好又快发展。学校把师德建设工作摆上重要议事日程,定期召开会议,统一思想认识,增强抓好师德建设的责任感和紧迫感,做到师德教育经常化、制度化。认真组织学习《中小学教师职业道德规范》《关于贯彻落实〈严禁教师违规收受学生及家长礼品礼金等行为的规定〉的通知》《教育法》《教师法》等法律法规和文件;深入学习全国教育工作会议精神;结合学习内容,每学期每位教师都要撰写学习笔记和心得体会。通过集中学习与平时学习相结合,集体学习与个人学习相结合的形式,每学期保证安排集中学习不少于 8 次,引导全体教师强化终身学习意识,活到老学到老,不断适应社会发展变化的需要。学校注重师德建设工作的分层管理,抓两头带中间,确保学校师德建设工作健康稳步发展。对于工作热情高,爱岗敬业、爱校胜家、爱生如子的教师,适时给予表扬鼓励;在教师中认真开展好"岗位争先"活动,强化师德教育培养,要树立师德典型,召开师德总结表彰大会,大力宣传校内先进,通过身边的人和事,教育感动和影响身边的人,大力弘扬正气。

我校杨志林老师兼任班主任、数学教研组长、立达名师、松江区骨干班成员,对待任何工作,都是兢兢业业、一丝不苟。他和其他老师一起编写出版《六年级第一学期数学导学案》《初中数学概念教学》;撰写的论文《打造活力课堂之我所见》在校内论文评比中荣获一等奖,为学校"引发教学"课改工程打下扎实的基础,荣获 2012 年园丁奖。彭卫镝同志时刻以优秀党员的标准严格要求自己,在主持政教处工作中,积极传承发扬,不断努力创新,推行了一系列立足行为规范、着眼校园安全的规章制度,并合理制定了"清淤—去污—植树—活水"的德育新规划。在工作中以"班主任成长坊"为载体,加强对班主任的有效培训;以"行为偏差学生"帮教为突破,通过"行为规范督察部"的自主管理,切实提高学生道德基础水平;以"温馨教室"为平台,把学校办学理念贯穿落实于管理工作,有效促进学生身心健康发展,荣获 2012 年松江区园丁奖。我校高双福老师从教 26 年以来,始终用真理为孩子们引导生命的航向,用爱心编织人间真情,用活动点亮学生多彩的人生,用关怀温暖每一个心灵,他在平凡的岗位上谱写出了绚丽的乐章,多次获得校级优秀班主任,2009 年荣获松江区园丁奖,2012 年荣获上海市园丁奖。

(三)"两纲"教育,加强德育工作实效

立足于课堂教学,挖掘教材中民族精神和生命教育的内涵,把"两纲"教育融入教育教学环节,贯穿于教育教学的全过程,推进了学科德育的贯彻落实;通过升旗仪式、系列主题活动、主题班队会、校园宣传栏以及组织各类学生社会实践等进一步深化了"两纲"教育的内容,实现了学生由知到行的转化。

政教处以创建安全机制、维护和谐校园为工作基础,不断强化师生的校园安全意识和社会责任感。政教处密切班主任、年级组、政教处之间的联系,以服务师生为宗旨,以协同管理为基础,提升责任意识,凸显德育工作的人性化,努力架构新形势下的

德育平台,为全面提高我校学生的素质和提升教育教学质量提供有力保障。

在认真学习和执行《中学生守则》《中学生日常行为规范》等规章制度的同时,政教处结合学校的具现状和问题,修订和增订了相关的管理条例,通过团委、学生会、少先队负责五项常规检查、学生干部培训、学生团课党课、校园广播站等工作以及通过班主任的解读与贯彻、学生的理解与遵守,充分保证了各条例的落实与执行,并以此为锲机,充分利用学校广播、宣传栏、黑板报和班会课、团队活动进行广泛宣传,强化学生的行为规范教育,加强学生文明礼貌、行为规范教育,培养学生自我约束、自我管理的能力,逐步使良好的行为习惯内化为自觉的行动。

学校通过培育团委、学生会、少先队等干部队伍,将学生自主管理渗透在学校的每个角落,使之成为学校公共管理的参与者,更成为班主任班级常规管理的得力助手,从而使学校的整体学生素养得到进一步的提升。2012年以来,以班级优秀干部和部分进步明显的学生为骨干力量,成立了学生行为规范督察部,明确职责分工,落实督察项目,有效加强学生日常行为规范的自我检查、自我教育和自我管理,提高学生自我管理的有效性和可持续性。

政教处积极帮助班主任加强与行为偏差生家长的联系,并会同未保办、居委会(村委会)等社会力量共同对偏差生进行教育。同时,政教处也以对行为偏差学生的纠偏作为阶段性的工作重点,通过建立"行为偏差学生帮教档案",与我校党员结对,做好跟踪教育,把日常行为规范教育与完善学生成长档案制度有机结合起来,有针对性地从学习、思想、生活等多方面加强关心帮助,增强这部分学生的是非判断能力、学习生活信心和法制意识。

学校党总支对行为偏差生的帮教工作也非常支持,积极开展党员帮教活动,每学年各年级组上报需要党员互助的学生名单,由党总支与政教处确定最终名单,每月至少谈心一次,做好记录,学期结束做好总结。

(四)营造氛围,实践德育课程建设

政教处以创建温馨教室为抓手,努力开展优秀班集体的建设工作。在创建的过程中,努力抓好学生的思想品德教育、行为规范养成教育、学习目的教育,安全、法制、纪律等教育,充分发挥学生的主体作用,让学生在参与中有感悟,在感悟中思想得到升华,不断培育学生爱班级、爱学校的情感基础和行为动力,在自觉养成良好习惯的同时

逐步形成良好的班风,有效促进学生综合素质整体提高。

通过各种形式的主题教育活动如合唱、健美操、文学、辩论、机器人等社团活动,以及"模拟长征,远足佘山"学校德育精品项目和"电声乐队"德育特色项目的校本课程化,基本满足学生成长需求,促进学生全面发展。

学校对学生心理健康格外重视,在专业心理教师负责的心理咨询室外,为学生介绍专业心理知识、提供学生交流平台,"星空下"心理互助社团也应运而生。"星空下"心理社团是由学校心理老师组建和具体指导的,以学生为主体,关注与探索自我成长、心理健康等问题的学生团体。该社团的宗旨是以积极心理学理念为指导,探索同学们生活中遇到的一切与心理相关的问题,积极宣传心理健康教育知识,以自助、互助、他助等形式帮助同学们面对成长的烦恼,帮助同学们了解认识自我,处理好人际关系,调整好心理状态,成为朝气蓬勃、健康乐群的新一代中学生。

(五) 三位一体,整合社会教育合力

政教处以学校总体工作思路为依据,制定合理科学的工作计划、行动方案,依托家庭、社会与学校教育的积极配合,充分利用校外德育教育基地,如五库教育基地、东方绿舟、松江烈士陵园、南京大屠杀纪念馆、绍兴鲁迅故居等,深入开展社区教育,通过各种社会实践活动,利用一切社会资源对学生进行全方位的素质教育,进一步形成德育教育的合力。

立达中学团委根据上海市普通高中学生志愿服务(公益)操作指南,松江区教育局相关要求,制定了立达中学高中生志愿服务方案,由校领导直接监管,团委老师全面负责学生志愿者服务的所有活动。学校目前服务最多的就是永丰街道、松江区图书馆、松江醉白池等,由基地提供岗位和时间,学校团委整理并组织学生根据自己空余时间志愿报名。

通过完善家长学校,建设家长委员会等工作,在班主任、年级组的大力支持下,学校针对各年级的特点,制定了家庭教育的工作规划,举办了多次针对各年级学生和家长特征的家庭教育讲座。充分依托年级组分批次召开了各年级的家长会,促进家校交流,提高学校德育工作的有效性,合理指导家长对学生进行积极的家庭教育。重视与家长的合作,及时与其沟通学生在校和家庭情况,合理提出学生在家、在校的教育教学常规要求,并定期编辑《家校心语》等家庭教育刊物。在教师、家长的共同指导下,学生

沿着正确的方向不断进步。

（六）健全学校德育的评价机制

"引发德育"重视的是爱和感化，学生的品德、人格是自然发展、舒展和滋润生长的，德育的结果很难量化。但这并不代表"引发德育"不需要评价，而是说明需要将量化德育评价与质性德育评价有机结合起来，最终指向促进学生品德、人格、素养的全面发展。

"引发德育"树立正确、积极的德育评价意识，培养教师对待个体生命发展保持审慎的态度，以及发挥教师全人的影响力，以一个人的全部去影响另一个人的全部生命。如此，评价便转化为过程性评价、发展性评价与促进性评价。评价的目的是为了让学生更好地成长，而不是为了给学生一个明确的等级加剧其竞争。

"引发德育"的评价为生活化判断、评估与促进的连续过程的一部分，从评这端来看，是确保学—教—评的一致性。传统德育评价是对一定客体的道德价值的评估、比较、预测，往往用道德与法治、思想品德、社会实践活动等活动内容的分数作为评估学生的"德育"水平。这显然是不科学的，也忽视了品德养成的特殊性。"引发德育"倡导多元评价机制，且在评价者之间建立"对话"机制，实现评价在日常生活中进行，在情境中发生，且把发生的事件、经验作为德育资源，进而评估学生处于哪一个道德发展水平，以及针对不同个性差异的学生，该如何有效采取方法才能进一步促进具体学生的品德发展、人格养成。因此，学校为每位学生建立了成长档案袋，把学生在高中三年的学习生活与状态变化记录在案，以连续性、发展性眼光关注学生成长，发挥学生对主动性的认知、觉悟、行动与表达。通过这一评价视域的转化，学校将德育与学生的整体学校生活、社会生活紧密联系，虽然评价本身具有主观性和开放性，但真正意义上促进了学生人格的养成与个性的发荣滋长。

每一个人其实是通过生活来自我影响的，而不是被别人教育的。"自我教育是体现本质、真正生效的教育。"[①]因此，立己立人、达人达己的共同体生活，就是引发德育本身的情境与生活化的反应。为督促"共同生活"对学生德性的影响，学校需要从学校文化、师资队伍上加强与保障，确保全面性育人格局的真正达成。因此，对于教师也要

---

① 钟秉林.自我教育是体现本质、真正生效的教育[J].中国教育学刊,2013(01)：14-15.

注重全面性、生活化德育水平与德育能力的评估与激励,使学生与教师之间达成相互的正向影响。

多年来,立达中荣获了"上海市文明校园""上海市安全文明校园""上海市心理健康教育先进学校""上海市无烟学校""上海市家庭教育示范校""松江区行为规范示范学校"等称号,争创区德育工作先进学校和上海市行为规范先进学校。

第 四 章

『引发教育』的课程建构

为建构与『让学生个性自然发荣滋长』相匹配的课程，立达中学迈向了培养个性发展的课程转型之路。学校树立了『多元与艺术之融合，全面与个性之共生』的课程理念，构建了基础广博、自主选择、整合共荣的课程体系，实施多样化、多途径、多形式的『引发教育』课程，建构多元立体式课程评价，引发学生走向深度学习、宽度学习、创新学习、体验学习。

课程是由一定育人目标、基本文化成果及学习活动方式组成的，用以指导学校育人的规划和引导学生认识世界、了解自己、提高自己的媒介。课程是学校教育的系统设计、建构与实施，是学校育人目标的直接体现，也是育人内容的直接载体，是提供给学生的营养体系。课程是学校教育的载体，也是学校教育思想、办学理念的集中体现。构建符合学校教育哲学的课程，是学校可持续性发展的保障，也是学校办学特色的基础。

2019 年以来，国家连续发布推进高中建设的诸多方案，比如《国务院办公厅关于新时代推进普通高中育人方式改革的指导意见》（国办发〔2019〕29 号）、《普通高中课程方案和语文等学科课程标准（2017 年版）》等文件精神，对标《上海市推进特色普通高中建设三年行动计划（2016—2018 年）》《上海市特色普通高中建设参考指标》等创建方案，根据上海市政府办公厅印发的《关于本市新时代推进普通高中育人方式改革的实施意见》，立达中学基于学校实情，致力于课程体系与课堂教学的校本化建构与实施。

高中阶段如何做到适性育人，让学生个性自然发荣滋长；如何建构具有本校特色的课程体系，形成具有校本化的课程实施路径与评价方法；如何运用课程图谱来科学合理地建构和呈现学校课程体系等等与课程有关的诸多问题一直是学校管理的核心命题与堰塞湖。立达中学基于学生优势潜能和学校优势学科，引导、启发学生自主选择。随着学校课程的深度建设、开发，学校在实施过程中不断反思与探索，在"引发教育"办学哲学思想的引领下，在课程方面提出了"引发课程"概念，并开展了深度实践研究。

学校在形成自己"引发艺术教育"办学特色的基础上，本着"让学生的个性自然发荣滋长"的办学理念，把"引发艺术教育"融合"新课程新教材"（以下简称"双新"）的实施工作，坚持"五育融合"，构建全面培养体系，培养全面发展且有个性特长的学生，着力构建适合每一位学生健康成长的课程体系。为促进课程实施的实效性，学校在提供适合学生个性化发展的课程的同时，还注重特色分类、学科分层、自主选择、走班上课，以使每名学生都有课程可选，选的课程以适合其的方式实施，保障课程资源与学习环境充足优化，促使学生随时随地进行学习活动。

一、融合科技的艺术特色课程

学校传承"教育的真义是引发而不是模造"的办学哲学,秉持"让学生个性发荣滋长"的办学理念,确立了"引发艺术教育,滋长个性特长"的特色定位的课程目标。学校通过门类丰富的艺术教育,在艺术与生活、艺术与文化、艺术与科学等相关联的情境中,引发学生参与各艺术门类的学习和实践活动,获得适应未来社会和终身发展的艺术感知、创意表达、审美情趣和文化理解的艺术素养,从而培养德智体美劳全面发展而有个性特长的社会主义建设者和接班人。

(一)建构"引发艺术"的课程目标

学校通过"引发艺术教育,滋长个性特长"的特色定位和课程目标,聚力融合科技的艺术素养培育,即通过门类丰富的艺术教育,在艺术与生活、艺术与文化、艺术与科技等相关联的情境中,引发学生参与各艺术门类的学习和实践活动,获得适应未来社会和终身发展的艺术感知、创意表达、审美情趣和文化理解的艺术素养(见图4-1)。同时,把握艺术与科学之间的相通之处,发现和体验科学中的艺术美和艺术中的科学美,激发创造性思维,理解科学技术创造中的人文精神和人与自然的关系,培养德智体

图4-1 高中分年级特色课程目标

美劳全面发展、科学精神与艺术素养相融合的社会主义建设者和接班人。基于上述课程建设和实施目标,我校一方面是对高中三个年级的课程实施进行了分年级的课程目标设置,另一方面是依据艺术课程标准,诠释艺术核心素养的内涵与建构具体表现。

(二) 创设融合特色的课程体系

特色课程是一条个性化"跑道",师生在"跑道"上奔跑的过程,在体验中建立的独特经验和内心感受。特色课程建设是学校对价值观体系进行选择、确立、坚守并付出实践运作的综合操作,课程体现了学校整体的育人观。

特色课程的四条标准:特需——形成比较稳定的、成熟的课程框架,能满足学生的学习需求;特别——有自己独特的价值定位与课程理念;特点——形成与众不同的、可供其他学校借鉴的做法和经验;特强——课程的整体发展态势比较好,产生特强的效应和影响力。特色课程的五个基本特征:一是独特性,其核心特征是有校本化自主建设特点,以个性化的课程满足不同学生的选择。二是优质性,其内涵要求是独特性成型和发展的环境土壤,科学、先进、多样、活力、质量。三是整合性,其结构逻辑是课程要素的关联和一致、系统的思考与规划、结构功能的统一。四是典型性,其外延作用是有时代性、地域特征,有学校文化和办学规范、特色的复制性经验。五是创新性,突出体现在迭代发展,基于政策、愿景、问题、资源、实践过程,重组、改进、完善课程。

体系是指一定范围内若干事物按照一定的秩序和内部联系组合而成的整体。课程体系是指学校中一些相互关联、相互影响的课程所构成的,共同发挥培养学生核心素养,引领学生终身发展作用的课程系统。开放性、整体性、关联性、结构性、动态性、时序性等,是立达中学课程体系共同的基本特征。学校课程结构是学校课程建设中至关重要的组成部分,是课程体系的骨架。课程结构确立了课程内各构成要素及其相互关系,如课程类别、课程比例关系、修习方式、时间分配等,来保证课程目标的实现。学校课程结构"好"的特征:理念清晰,功能分明,目标明确,内容适合,方式灵活,评价到位。

从激发学生优势潜能,促进学生全面而有个性出发,依据国家"双新"课程实施方案,我校构建了融合引发艺术教育的必修课程、选择性必修课程、选修课程三类课程体系和总体框架。既包括国家课程校本化实施,又有校本特色课程群,九类校本特色课程群包括科技、美术、音乐、人文、体育、卫健、劳动、生涯规划、德育。九类课程群下又着力打造系列融合艺术教育的个性化精品课程。每个课程既独立自洽,又与艺术素养培育相互融通,做到自成一体、融通一体。校本特色课程又分为全体必修课、社团选修课、竞赛选修课;短课程、长课程(见图4-2)。只要学生有选择需求,学校就有能力提供课程。

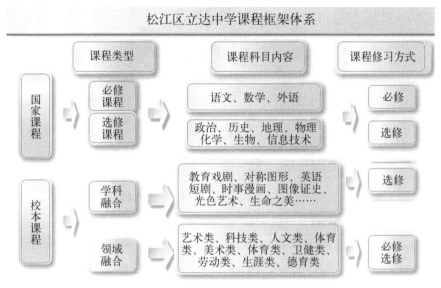

图4-2 学校课程框架体系

(三) 勾勒契合"双新"理念的课程图谱

在"双新"课程背景下,学校把"引发艺术教育"与艺术素养培育具化在国家课程和校本课程实施之中。构建基于"引发艺术教育"的校本特色多元课程,既注重每个课程群与高中生国家核心素养的关联及培育,又注意做到"五育"并举和艺术教育特色的融合互通,由此形成具有我校特色的课程框架与图谱。一是明确国家课程是进行特色培育的主阵地和主渠道。对国家课程开设的科目中的艺术素养相关要素进行提取,然后基于学情和校情进行校本化实施。通过开设多元的校本特色课程,对国家课程中的艺术素养培育进行补充和提高。二是校本特色课程分年级、分学期、分层次、分课时实施。每门课程都要有规范的校本化课程学习资料包。三是运用场馆活动、项目化、行走体验、跨学科、专题讲座、综合性学习等多种途径与方式进行实施。四是通过节日展演、社团活动、以赛代练、日常表现等多样形式进行勤练、常赛。

学校课程谱图是学校全部课程的结构化体系,出于培养目标与课程理念,由八层圆环组成,涵盖了国家课程与校本课程,包括了必修与选修课程的大的门类,体现了融合、跨界与渗透，突出了学校办学特色（见图4-3）。为了更好地体现校本课程，可参见彰显特色的校本课程图谱（见图4-4）。

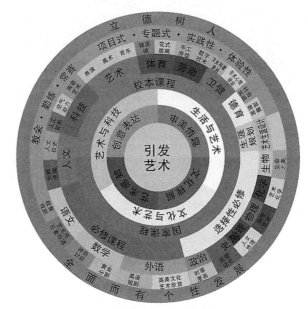

图4-3　学校课程图谱

图4-4　彰显特色的课程图谱

（四）注重践行"核心素养"的课程设计

学校课程设计与实施是管理者教育理念和学校文化的外化和表现形式。国家课程校本化、课程实施整合化,也是学校特色建设的核心要素和独特设计。学校选择将核心素养作为切入点,反思、改进、规划学校课程,推进"国家课程校本化,拓展课程系列化,特色课程精品化"。为了践行"让每一个学生的潜能得到充分发展"的办学理念,学校将提升学生核心素养作为推动学校课程改革的契机和鹄的,构建了多维度、综合化的学校课程体系。构建基于"引发教育"的校本特色多元课程,既注重"五育"融合,又彰显艺术教育特色,是学校开发校本课程的基点。学校形成了以提升学生素养为引领,具有明确目标的校本课程体系。于必修类课程中挖掘核心素养,于选择性必修课程中发展核心素养,于选修类课程中整合核心素养,全面提升学生核心素养,激发学校教师开发、实施课程的综合能力,使得学校课程改革进入了又一个高质量持续发展的阶段。

其中,围绕国家高中生核心素养培育要求,根据学校校本课程内容与培养目标,我们构建了基于核心素养的校本课程逻辑关系图表(见表4-1)。

表4-1 立达中学基于核心素养的特色课程

校本课程	精品课程	课程目标	素养维度	素养要点
科 技	智能机器人舞蹈	科技求真 学会做事	科学精神 实践创新	勤于反思 信息意识 技术运用 审美情趣
	空气动力艺术			
	3D 创意设计			
	创客制作工艺			
人 文	立达大师艺趣	人文求善 学会做人	人文底蕴 责任担当	人文积淀 人文情怀 社会责任 审美情趣
	立达之声			
	校史拾贝			
	红色文化作品艺术			
艺 术	陶瓷艺术	艺术求美 学会生活	人文底蕴 实践创新	审美情趣 人文情怀 乐学善学 勇于探究
	沙画艺术			
	手工布艺、剪纸			
	欢歌乐舞			

校本课程	精品课程	课程目标	素养维度	素养要点
艺 术	电声乐队	艺术求美 学会生活	人文底蕴 实践创新	审美情趣 人文情怀 乐学善学 勇于探究
	动漫创意			
体 育	花式跳绳	体育求强 学会健身	健康生活 责任担当	珍爱生命 健全人格 审美情趣
	传统武术			
	艺术体操			
卫生健康	生命之光	卫健求康 学会健康	健康生活 实践创新	自我管理 健全人格 珍爱生命 审美情趣
	心灵花园			
	疗愈艺术			
	心灵驿站			
劳动教育	家常菜艺	劳动求创 学会生活	人文底蕴 责任担当	劳动意识 问题解决 技术运用 审美情趣
	智慧农场			
	品茶论艺			
	艺术雕刻			
生涯规划	艺术生慧规划	生涯求预 学会规划	学会学习 责任担当	乐学善学 善于反思 社会责任 审美情趣
	引发艺术讲坛			
	行走之旅艺术			
	艺术职业体验			
引发德育	校园音乐之声	立德树人 正确三观	人文底蕴 责任担当	社会责任 国家认同 国际理解 审美情趣
	班牌艺术设计			
	爱国歌曲展演			
	艺术家进校园			

二、推进学习变革的特色课程

(一) 以艺术为引领,实施诸育融合的跨学科课程

校本课程是学校自主开发的一门课程,由学生自主参加,以学生活动为主,它与必修课程一起构成学校课程体系。但它与必修课程在内容、要求的深广程度和活动形式

的灵活程度等方面又不尽相同。校本课程更突出学生学习的自主性、自愿性和灵活性。在进行学校特色课程的设计时,立达中学关注四个维度——愿景、优势、问题、生长点,既要关注"土壤"与"幼苗"的关系,又要关注"传承"与"创新"的关系。这是客观精准建构学校特色课程的基础,是学校课程开发决策与特色课程内容建设的依据,是能够帮助学校特色课程建设促进内涵发展的实际方向。

特色课程是学校办学特色的最重要产品和直观反映,学校课程体系的设计和运作是为学生实现全面而有个性的成长提供教育支持。特色校本课程,其主要意义在于培养学生对艺术的热爱,提升审美体验。因此课程内容主要从学生角度出发,以学生为本制定课程内容细节。课程内容由简至难,形式由自主学习至合作学习,让学生在学习的同时培养创新精神,提升合作意识,让学生将所学知识通过艺术表达的方式呈现出来。学校课程体系的设计遵循"艺创素养,五育并举"的总体思路,以学生"全面而有个性的发展"培养目标为导向,强调关注学生已有的经验和兴趣爱好、个性特长等发展特点,聚焦核心素养培育,形成国家课程校本化、校本课程特色化、特色课程系列化的九大类课程群(见表4-2)。

表4-2 立达中学特色课程实施表

课程领域	必修学分①	选择性必修学分②	选修学分③	课程内容	年级			课时安排	实施方式						
					高一	高二	高三		做中学	活动体验	专题讲座	课堂探究	主题活动	论坛报告	混合学习
德育			0—4	《立达之声》③	●	●	●	2课时/周		●	●	●	●	●	●
				《人文校史》②	●	●	●	2课时/周	●						●
人文			0—4	《辩论社》③	●	●		2课时/周			●	●			●
				《校史舞台剧》③	●	●		10课时/学期			●	●	●	●	●
科技			0—4	《智慧动画》③	●	●		2课时/周	●		●	●			●
				《Photoshop图像设计》③	●			2课时/周	●			●	●		●

课程领域	必修学分①	选择性必修学分②	选修学分③	课程内容	年级			课时安排	实施方式						
					高一	高二	高三		做中学	活动体验	专题讲座	课堂探究	主题活动	论坛报告	混合学习
科技			0—4	《数据库入门》③		●	●	2课时/周	●	●	●	●		●	●
				《智能机器人》②	●	●		2课时/周	●	●		●	●		●
				《创客教育》③		●		2课时/周	●	●		●	●	●	●
				《校园影视节目制作》③	●			2课时/周	●			●	●		●
体育			0—4	《睿齐健美操》③	●	●		2课时/周	●	●			●		●
				《舞动绳璇》③	●	●		10课时/学期	●	●	●	●	●	●	●
				《道之武术》③	●			2课时/周	●	●			●		●
卫生健康			0—4	《放空身心疗法》③		●		2课时/周	●	●			●		●
				《立达急救小分队》③	●	●		2课时/周	●	●	●	●	●	●	●
				《心灵驿站》③	●	●		10课时/学期	●				●		
劳动教育			0—4	《绿色培植园》	●	●		2课时/周			●	●		●	●
				《育品轩茶艺》	●	●		2课时/周			●	●	●	●	●
				《维真3D打印》	●	●		2课时/周	●	●		●		●	●
艺术			0—4	《星辰歌舞社团》③	●	●		2课时/周		●	●		●	●	●
				《奇葩大学堂》③	●	●		2课时/周	●			●	●	●	●

课程领域	必修学分①	选择性必修学分②	选修学分③	课程内容	年级			课时安排	实施方式						
					高一	高二	高三		做中学	活动体验	专题讲座	课堂探究	主题活动	论坛报告	混合学习
艺术			0—4	《七彩虹电声乐团》③	●	●		2课时/周	●		●	●	●		●
				《素描》②			●	2课时/周	●	●	●	●	●		●
				《色彩》②			●	2课时/周	●	●	●	●	●		●
				《速写》②			●	10课时/学期	●	●	●	●	●		●
				《创意沙画》③	●	●		2课时/周	●	●	●	●	●		●
				《涂鸦》③	●	●		2课时/周	●	●	●	●	●		●
				《动漫版画》③	●	●		2课时/周	●	●	●	●	●		●
				《科幻画》③	●	●		2课时/周	●	●	●	●	●		●
				《书法》③	●	●		2课时/周	●	●	●	●	●		●
				《写意水墨》③	●	●		2课时/周	●	●	●	●	●		●
				《古风白描》③	●	●		2课时/周	●	●	●	●	●		●
				《创意陶瓷》③	●	●		2课时/周	●	●	●	●	●		●
				《平面设计》③	●	●		2课时/周	●	●	●	●	●		●
				《色彩达人》③	●	●		2课时/周	●	●	●	●	●		●

(二) 以多元为策略, 实施艺术教育社团课程

立达中学有丰子恺、朱光潜、匡互生等先贤留下的丰厚人文底蕴, 有门类丰富的艺术教育, 有高新的科学技术, 更有创新不离宗的办学精神。学校以"艺术、德育、人文、科技、体育、健康、劳动、个性"为核心, 构建艺术 N 次方的社团课程(见图 4-5)。秉持"教会、勤练、常赛"的方针, 通过学科跨界、项目对接、竞赛, 运用各类新创意、新科技、新手段、新媒体帮学生将想法落地, 将思想延展, 将人格提升, 为学生的专业选择和就业方向提供指向性意见, 同时进一步推进学校特色课程升级。

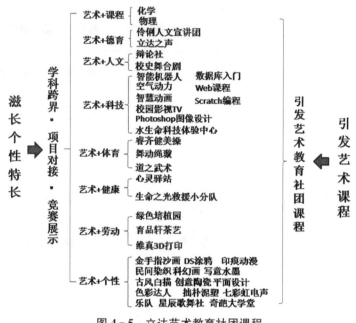

图 4-5　立达艺术教育社团课程

在实施艺术教育社团课程时, 社团指导教师根据本社团课程编写教师用书和学生用书, 在具体的学科、每节课程与实施过程中, 注重艺术的独立性与融合性的双重路径。此外, 学校每年五月份举办立达中学子恺社团节, 宣传立达精品社团课程, 打造名牌社团节项目。

立达中学引发艺术教育社团课程推进"人人有才能、班班有活动、社团有展示"的育人思想, 高中各年级全体学生全员参与三十二个社团课程。课程均为选修课程, 利用项目化课程和校本课程完成课程任务。社团招募是以教师选拔和学生自由选择相

结合的方式进行。社团学习时间分别是高一年级每周五下午第四、五节课,高二年级每周二上午第五节课,高三年级每周五下午第一、二、三节课。社团学习空间主要在学校创新实验室、子恺艺术楼、运动场馆、教室等地方开展。学习以专家引领、教师指导、学生实践的综合的方式进行。

(三) 以审美为核心,实施音乐类特色课程群

立达中学音乐类校本课程体系共包含五个课程,课程群维度广、深度深,围绕三个年级展开。同时,围绕引发艺术教育课程理念,课程群的规划也满足了学生艺术创作的需求,激励学生在学习中提高审美体验,全面发展。每年级在课程实施中的教师、空间、课时、外聘专家等方面的安排可参见表4-3、表4-4。

表4-3 立达中学音乐类特色课程群

课程名称	授课老师	学习空间	授课年级			安排课时	外聘专家
			高一	高二	高三		
舞蹈社团	陈 晗	舞蹈房	●	●		16	●
电声乐队	姜 源	电声乐队	●	●		16	●
合唱社团	陈爱勤	音乐教室	●	●		16	
声 乐	陈爱勤/杨海洋/姜 源	琴 房	●	●		60	
钢 琴	陈 晗	琴 房	●	●	●	60	
乐 理	陈爱勤/杨海洋/姜 源	琴 房	●	●	●	60	
视唱练耳	陈爱勤/杨海洋/姜 源	音乐教室	●	●	●	60	

表4-4 立达中学音乐类特色课程的实施

课程名称	单元章节	单元描述	课时安排	实施方式			
				做中学	活动体验	课堂探究	任务驱动
电声乐队	识谱学习	五线谱的学习	2	●	●	●	●
	各种乐器学习	分组学习乐器	8	●	●	●	●
	乐曲编排	简单的乐曲编排	6			●	●

课程名称	单元章节	单元描述	课时安排	实施方式			
				做中学	活动体验	课堂探究	任务驱动
舞蹈社团	舞蹈基本动作的学习	学习简单的舞蹈动作	6		●	●	
	分组进行	分组排队形	4	●	●	●	●
	舞蹈成品编排	排练简单的舞蹈小成品	6	●		●	●
合唱社团	歌唱发声学习	学习简单的发声方法	4		●	●	
	分声部训练	分声部学习	4	●	●	●	●
	合唱曲目训练	简单的合唱歌曲训练	8		●	●	●
声乐	发声方法	从基本的发声学习开始	20	●	●	●	●
	气息的运用	在学习发声中关注气息的运用并进行练习	20	●	●	●	●
	歌曲演唱	在歌曲演唱中提高自己的发声方法和情感表达	20	●	●	●	●
钢琴	手型的学习	学习基本的弹琴姿势	2	●	●	●	●
	练习曲学习	从简单的练习曲开始	30	●	●	●	●
	钢琴曲的学习	从简单的乐曲入手，配合练习曲的练习	30	●	●		●
乐理	音组音名	基本的音组音名，半音、全音等音	4	●	●	●	●
	音程和弦	自然音程、变化音程、音程和弦的构成、转位	10	●	●	●	●
	调式调性	各种调式调性、转调、移调、译谱分析调式	20	●	●	●	●
视唱练耳	简单的无调号视唱	学习基本的视唱旋律	20	●	●	●	●

课程名称	单元章节	单元描述	课时安排	实施方式			
				做中学	活动体验	课堂探究	任务驱动
视唱练耳	一升一降视唱	一个升降号以内的视唱	30	●	●	●	●
	练耳训练	音程性质、和弦性质、节奏旋律听辨	20	●	●		●

（四）以综合为方向,实施戏剧特色课程

学校还开设有戏剧课程。戏剧是一门集朗诵、舞蹈、音乐、美术等艺术门类于一体的综合艺术,在提高学生审美情趣、激发学生潜能、提高学生的综合艺术素养、培养健全人格等方面有着极其重要的作用。学生在戏剧舞台上接触各个艺术门类,找到符合自己兴趣的最佳位置,充分发挥自己的艺术才华,同时也可以培养兴趣,进行艺术的自我发现与培养。戏剧在立达中学的艺术教育中承担着美术、音乐等课程无法替代的教育功用。其主要课程有走进戏剧世界、戏剧历史与发展、戏剧经典欣赏、戏剧艺术探究、戏剧文本与主题、剧场探索之旅、戏剧排演实践、戏剧中的声音表达、戏剧中的肢体表达、戏剧制作与部门分工等。该课程主要以图文、PPT等形式,图文并茂地为学生介绍戏剧发展历史中有关戏剧起源、基本元素、风格流派、剧场设计等方面的基本知识,并结合视频、文本,讲解经典剧目和剧作家,带领学生进行基本的戏剧艺术赏析。将图片、文字、视频、图表等相结合,这种方式使学生对戏剧这一综合艺术形式产生丰富、直接的体会和感受。

（五）以探求为取向,实施"展馆艺术文化"课程群

2020年10月15日,中共中央办公厅、国务院办公厅印发了《关于全面加强和改进新时代学校美育工作意见》,其中提出"大力推广惠及全体学生的合唱、合奏、集体舞、课本剧、艺术实践工作坊和博物馆、非遗展示传习场所体验学习等实践活动"。立达中学有着丰富的文化和科学资源。将漫画大师丰子恺的艺术成就和教育理念,水生命创新实验室、人工智能创新实验室等资源和美术学科创造性地融合,以此作为立达中学独特的艺术课程,培养学生的创新能力和鉴赏修养,拓展学校艺术特色课程的建设,激活学校课程图谱,促使学校课程的生长。这对树立全校师生的文化自信,对艺术学科核心素养的全面落实,对全体师生的艺术素质大幅度提升有着积极的促进作用。其课程名目标是理解和运用视觉艺术语言,加强审美能力和操作能力,提升想象力和创造力,积极参与中国优秀传统文化的传承。运用陶瓷、3D金银器、布艺、泥塑、年画、剪纸、装置等静态和动态艺术多种表现手段,提供多元学习渠道,形成一种健康向上、勇于担当的校园生态文化和区域文化。

该类课程群的内容主要是通过鱼纹艺术、丰子恺漫画艺术理论与实践的学习,结合松江生态文化和校园生态文化,感悟其历史文化背景、艺术元素的特点与艺术创作的原理。探究其创意表现和元素提取的独特魅力。根据文献资料和科技融合,融入学校科技艺术的办学特色,设计体验型展馆文化课程,结合艺术创作规律,完成作品的创作与展示。水生命创新实验中心和丰子恺艺术展馆运用高科技光、声、电一体打造沉浸式艺术展馆。

其中,"庆鱼年"艺术体验馆文化课程和"大心容物 见真见美"丰子恺艺术展馆文化课程的具体情况可参见表4-5、表4-6。

表4-5 "庆鱼年"艺术体验馆课程

课程主题	阶段	课程内容	课时
鱼类生命科学和文化内涵研究	第一阶段	观察、描画鱼的生命成长过程,撰写观察日志	2课时
		介绍鱼类文化内涵,鉴赏鱼纹作品,交流将运用什么样的艺术创作手法	1课时
鱼的观察日志手账设计艺创体验	第二阶段	鱼类观察日志手账草稿设计 鱼类观察日志手账绘制 鱼类观察日志手账装帧设计(纸张、包装)	13课时
"鱼纹"工艺美术艺创体验(陶瓷、金银器、布艺设计与制作)		"鱼纹"造型陶瓷器物设计与制作	13课时
		"鱼纹"造型3D打印金银器物设计与制作	13课时
		"鱼纹"造型布艺设计与制作	13课时
"鱼纹"民间美术艺创体验(泥塑、年画、剪纸创作)		"鱼纹"造型泥塑设计与制作	13课时
		"鱼纹"年画创作	13课时
		"鱼纹"纸艺创作	13课时
"鱼纹"产品设计艺创体验(画册、挂件饰品、纸胶带等)		"鱼纹"造型挂件饰品设计与制作 "鱼纹"学习用品设计与制作	13课时

课程主题	阶段	课程内容	课时
"庆鱼年"艺术体验作品展示	第三阶段	"庆鱼年"艺术体验作品展示方案	1课时
		体验展示	

表4-6　"大心容物　见真见美"丰子恺艺术展馆文化课程

课程主题	阶段	课程内容	课时
丰子恺漫画作品赏析与再创造设计思维	第一阶段	丰子恺漫画作品鉴赏与分析	1课时
		设计思维、团队破冰	1课时
丰子恺艺术作品风格再创作	第二阶段	丰子恺艺术作品展馆主题签名墙设计及制作	8课时
		丰子恺艺术高仿作品绘制	8课时
		《游春人在画中行》山水装置作品设计及制作	8课时
		《志在凌云，四屏八稳》、校园生活、场景四条屏作品设计及创作	8课时
		《感时应物，四时之美》、校园二十四节气绘画及装置作品设计及创作	8课时
		《心有护生，绘众生相》、丰子恺器物作品装置设计及制作	8课时
		《草草杯盘供语笑》、校园伴手礼(导览图、明信片、笔记本、书签、签字笔、笔袋等)设计及制作	8课时
		《一钩新月天如水》、丰子恺漫画作品实景装置设计	8课时
		《漫画趣物》、陶瓷拓片体验活动	8课时
丰子恺艺术作品沉浸式展览	第三阶段	丰子恺艺术作品沉浸式展览方案	1课时
		体验展示	4课时
丰子恺艺术馆与程十发艺术馆互动联展。	第四阶段	丰子恺艺术馆与程十发艺术馆艺术作品赏析、交流	4课时
		体验展示	4课时
丰子恺艺术馆与鲁迅纪念馆互动交流展	第五阶段	丰子恺艺术馆与鲁迅纪念馆教育思想、艺术作品交流与鉴赏	4课时
		实践展示	4课时

(六) 以科技为主题,实施融合艺术的科技类课程

科技类校本课程体系共包含五个课程(见表4-7),课程群维度广、深度深,围绕三个年级展开,在普及基础科普教育的同时,也提升了学生的编程技巧,同时围绕引发艺术教育的课程理念,课程群的规划也满足了学生艺术创作的需求,激励学生在学习中给艺术以科技,给科技以灵魂。

表4-7 立达中学科技类课程设置概览

课程名称	授课老师	学习空间	授课年级			课时安排	外聘专家
			高一	高二	高三		
智能机器人	邵 荣	智能机器人实验室	●			16	
人工智能	沈 韬/邵 荣	人工智能实验室			●	16	●
创客制作	沈 韬	创客制作空间		●		32	
虚拟现实	吴 悦/吴滨瑛	虚拟现实体验区	●			14	
空气动力	高 勇	空气动力实验室	●	●		32	●

立达中学特色校本课程,其主要意义在于培养学生对于科学的热爱,提高学生科技素养。因此课程内容主要从学生角度出发,以学生为本制定课程内容细节(见表4-8)。课程内容由简至难,由学习至创作,在学习的同时培养学生创新精神,在课程中融汇了艺术的元素,让学生将所学知识通过艺术表达的方式呈现出来,运用视觉、听觉等多感官创作出沉浸式作品。

表4-8 立达中学科技类课程实施概览

课程名称	单元章节	单元描述	课时安排	实施方式			
				做中学	活动体验	课堂探究	任务驱动
智能机器人	虚拟机器人	通过irobot平台学习机器人的搭建与程序编写	8	●	●	●	●
	积木机器人	利用机器人零件搭建机器人,编写程序,完成任务	2	●	●	●	●
	人形机器人	通过alpha机器人研究人形机器人的结构及程序编写	2			●	●
	蜘蛛机器人	搭建蜘蛛机器人及编写程序	2	●	●	●	●
	足/篮球机器人	了解足球、篮球机器人结构,掌握编程控制机器人技巧	2		●	●	

课程名称	单元章节	单元描述	课时安排	实施方式			
				做中学	活动体验	课堂探究	任务驱动
人工智能	人工智能与艺术	简述人工智能与艺术的关联	2		●	●	
	图像识别入门	学习图像识别原理，学会通过编程完成物体形状、动物、人脸识别	8	●	●	●	●
	数据处理入门	学习数据处理算法，利用算法处理大数据	6	●			
虚拟现实	VR体验	体验VR设备	2		●		
	VR探究	了解VR原理，通过原理制作VR设备	10	●	●	●	●
	AR探究	了解AR原理，设计AR应用场景	6		●		
创客实践	3D打印	了解3D打印原理，通过solidworks软件学习三维建模，利用3D打印机进行艺术创作	12	●	●	●	●
	单片机实践	利用arduino单片机进行控制	12	●	●	●	●
	智能制作	通过3D打印与单片机结合的方式制作智能设备	8	●	●	●	●
空气动力	固定翼飞机实践	制作及飞行固定翼飞机	12	●	●	●	●
	四旋翼飞机实践	制作及飞行四旋翼无人机	12	●	●	●	●
	航拍体验	通过四旋翼无人机进行航拍教学	6	●	●		●
	模拟飞行体验	通过模拟飞行机体验模拟飞行	6		●	●	

（七）以境界为理想，实施融合艺术的人文类课程

立达中学实施促进学生提升人性境界、塑造理想人格，以及实现个人与社会价值的教育，帮助学生了解学校的历史和文化传统，增进爱国、爱校情感，砥砺进取意志，培植人生理想和学习兴趣，积淀正确健康积极的人生观和价值观。融合艺术的人文类课

程作为一门综合性课程,务求将校史教育资源与德育、群育、美育(文学艺术)、社会实践等教育内容充分融合,务求充分调动学生的研学主动性和研学兴趣(求知欲、探索欲)。在促进学生发展的同时,人文类课程丰富了学校人文教育内涵,助力于学校文化品位的提升;积累相关素材,建立相关资料库,为进一步丰富完善相关课程做准备。立达中学人文类校本课程体系共包含五个小课程(见表4-9)。

表4-9 立达中学校史人文课程规划课程

小课程名称	课程内容	学习空间	授课年级			课时安排
			高一	高二	高三	
1. 立达"初心"(校史拾贝)	近代教育名篇《立达学园旨趣》	各班教室	●			10
	立达校名、校训与《立达校歌》					
	立达之魂——匡互生的理想					
	教育部吴启迪副部长之问					
	立达中学的红色基因					
	立达的抗战					
	立达中学漂泊史					
	从"旨趣园"到校史馆					
2. 以美化人(立达大师艺术研究与欣赏)	朱光潜与丰子恺艺术与美学思想	校园	●	●		15
	丰子恺的漫画艺术欣赏					
	立达大师艺趣					
	立达大师散文欣赏					
3. "学习毛泽东"	《〈毛泽东〉青年读本》研读	校史馆	●			12
	《毛泽东诗词欣赏》研读					
	(1)人生格局始少年(励志诗词)					
	(2)从进化论者到阶级论者(英雄情怀)					
	(3)在井冈山的日子里(创业史诗)					
	(4)血染的豪迈,瑰丽的画卷(长征史诗)					
	(5)壮心永不老(建国史诗)					
	(6)无情未必真豪杰(爱情、友情、乡情诗词)					

小课程名称	课程内容	学习空间	授课年级			课时安排
			高一	高二	高三	
4. 音乐剧《立达之声·校园记忆》(社团活动课程)	(1)《游春》(演绎丰子恺改编《送别》的歌词)	立人剧场	●	●		16
	(2)《小偷上学》(演绎李叔同、吕骥作词作曲的《立达校歌》)					
	(3)《到农村去》(演绎马思聪、陈范予作词作曲的《立达农村生产教育科歌》)					
	(4)《义勇军进行曲》(演绎黎锦晖作词作曲的《义勇军进行曲》)					
5. 立达群育课程(德育辅助课程)	(1) 从哈佛的"道德逻辑课"与匡互生的"道德实践课"说起		●	●		18
	(2) 群育概说					
	(3) 立达先师的群育篇章品读					
	(4) 处群的基本原则与技巧					
	(5) 国际视野与"圈子文化"的思辨					
	(6) 群育的思辨与实践					
	(7) 群育与高考作文的写作(写作指导)					

其中,"立达'初心'(校史拾贝)"的课程目标与教学策略是:(1)理想教育:了解早期立达"为民族复兴"的教育、"人"的教育的教育理想,帮助学生将人生理想与民族理想结合起来,为人生的出彩,为中华民族的伟大复兴而奋斗。(2)史实史观教育:校史教育与近代以来的中外史教育结合起来,建立唯物史观。(3)艺术审美教育:遴选具有艺术审美价值的材料,将艺术审美教育文学教育渗透于人文教育之中。(4)社团实践活动。

"以美化人:立达大师艺术研究与欣赏"的课程目标与教学策略是:(1)美学基础理论教育:借助立达创办人、中国近代美学奠基人朱光潜的《给青年的十二封信》《谈美书简》以及立达创办人丰子恺在立达撰写的艺术讲义(部分收入了丰子恺自编的《艺术的趣味》),对学生进行初步的美学理论教育。(2)文学教育:借助校本教材《立达大师散文欣赏》,培养学生的审美趣味和文学鉴赏能力。(3)艺术教育:借助校本教材

《丰子恺的"立达漫画"》与《立达大师艺趣》，帮助学生了解部分丰子恺、陶元庆、徐悲鸿、钱君匋、陈抱一、关良等艺术大师的艺术成就和艺术思想，培养学生的艺术鉴赏力。（4）本课程可以与立达校史课程结合进行。

"学习毛泽东"的课程目标与教学策略：（1）红色教育。借助本课程，结合校史教育中的"立达中学的红色基因"，帮助学生了解中国国情，建立"制度自信"。（2）理想教育。借助本课程，结合校史教育，帮助学生认识"立己"与"达人"的关系，从"小我"走向"大我"。（3）文学艺术教育。鉴赏毛泽东诗词著作中的文学性和艺术性。

音乐剧《立达之声·校园记忆》社团活动课程的课程目标与教学策略：（1）校史人文教育。借助演绎立达经典校园歌曲的音乐剧，传承立达传统曲目和"立达"精神。（2）戏剧艺术教育。了解音乐剧的基本构成、剧本编写和排演艺术。（3）综合性学习。音乐剧是一门综合性艺术，涉及剧本、服饰、舞台背景、灯光、音乐等。本课程有利于培养学生综合性的学习能力。（4）实践能力的提升。本课程有助于提升学生的社团活动的实践能力。

"立达群育课程（德育辅助课程）"的开设背景与理论依据：（1）"达人"方能"立己"的立达价值。（2）立达的群育课程传统。（3）当代（独生子女、功利主义、精致利己主义时代）"群育"的缺席与"立己"价值的庸俗化；群育的有关理论，如亚里士多德"生命脆弱故须结群而居"说、立达先师叶圣陶"合群生活"说、立达先师朱自清"团体生活"说、"一个人走得快一群人走得远"的当代合群说。（4）我们对"群性"价值的认识（如图4-6）。课程开设目标：（1）恢复传统群育课程以弥补当代德育之不足。（2）具体在如下若干方面提升中学生的社会意识和处群能力——对规则、法律、责任、自律、团队、国家、社会、政治、环境、公德、友情、冲突、妥协、和谐、差异、异性有基本的认识。对不同观点能理解、宽容、正视，对文化与价值的多样性有开放的态度，关注时事，与时俱进。对生存、适应、合作、参与、挑战、压力有正确的态度、认识和处置方法，学会表达、沟通、协调、选择、决断，能根据目标、环境和团队需要合理调整自己以求得"人己两立"或所谓的"正和博弈"。

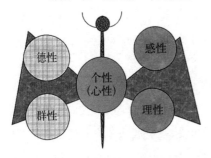

图4-6 立达中学对"群性"与育人关系的理解

三、探索多元立体式增值评价

2020年6月30日,中央全面深化改革委员会第十四次会议审议通过了《深化新时代教育评价改革总体方案》,首次提出"探索增值评价"。学校在原有课程评价改革的基础上,更加注重增值评价、过程评价与综合评价。

学校充分发挥评价对学生素质发展以及教师专业成长的激励功能,根据课程开发目标确立评价准则,从课程、教师以及学生三个方面实施定期评价,同时接受社会对校本课程实施的监督。评价过程坚持评价主体多元化原则,自我评价与他人评价相结合;坚持评价方式多样化原则,过程评价、定性评价与定量评价相结合;坚持评价结果的公开化原则,定期向教师、学生、家长及相关人员公布。基于对"引发教育"的认知逐渐加深,立达中学还逐步建构多元立体式评价方式与方法。如纸笔性测试、展示性评价、积分制评价、即时性评价、档案袋评价、点赞式评价。依据上海市特色普通高中评价指标参数和松江区教育督导室形成的学校发展性指标体系,建立起教师发展性指标评估和跟踪体系,学生成长性指标体系。

"增值"是指学生从入校到毕业期间在知识、能力、态度等各方面的进步情况。增值评价是基于学生入校、入班、入团时的表现,对各方面变化进行跟踪测量,以促使教师、学校为实现学生成长中的"增值"而给予相应的帮助、支持和教学。在"引发教育"的课程评价中,立达中学建构了与"引发教学"的基本流程、基本特征、基本标准密切关联的评价指标。"引发教学"的本质就是以学定教、智慧教学,就是要唤醒学生、思维碰撞、情感共鸣、参与体验,让学生想学、乐学,直至善学。其目的就是为学生的终生发展奠定基础。

"引发教学"是引发课程实施的具体而主要的表现,但作为重要因素,我们另章细论。"引发教学"包含"教"与"学"两个重要部分,这里以《"引发教育"课堂评价表》的教师评价(见表4-10)与学生评价(见表4-11)两个表为例,来释"引发教育"课程评价的具体表现之一。在教师实施课程的过程中,课程评价重点关注是否增进了学生学习兴趣,是否促进学生基本智识上有所增长,是否培植了学生的自学能力,是否发展了学生的个性特长,是否促进了学生形成健全人格,是否有贯彻执行"引发教育"的理念,以及是否有突出的亮点。

表 4-10　上海市松江区立达中学"引发教育"课程评价表(教师)

执 教 者：＿＿＿＿＿＿　　执教课题：＿＿＿＿＿＿＿＿＿＿＿＿＿＿

开课时间：＿＿＿＿＿＿　　开课班级：＿＿＿＿＿＿

评价指标	指标描述	权重	赋分
增进学习兴趣	引发学生对本学科及相关学问的研习兴趣： (1) 教学设计基于课标、贴近学情、有思考基础和空间 (2) 教师专业素养与个人魅力能够引发学生"亲其师" (3) 现代信息技术运用有助于引起注意，达成目标	10	
增长基本智识	引导学生巩固基础，熟用基本工具与方法： (1) 把握教学的目的性、条理性、张弛性、应变性 (2) 现代信息技术与教学活动融合运行、和谐自然 (3) 习得学科在本课预设的学习方法和学科思维特性	20	
培植自学能力	引导学生自主合作地探究问题： (1) 学生具备自主学习意识和品质 (2) 学生能够合作帮促、互助学习 (3) 学生在"做中学"和"悟中学"	20	
发展个性特长	引导学生发展潜质，发挥优势，形成特质： (1) 学生问题意识、解决能力与创新表达的欲望强烈 (2) 作业设计体现差异性，学生有自主选择的空间 (3) 创设情境，营造民主、和谐、宽松的学习生态	20	
修养健全人格	关注情感态度价值观，提升师生精神境界： (1) 具有求真意识，追求科学精神 (2) 涵养人文情怀，追求审美情趣 (3) 培塑乐学心态，能正确评估自我	10	
规范基本流程	出示目标，自主学习(10 分钟) 合作帮促，智慧导学(20 分钟) 当堂检测，多元评价(8 分钟) 归纳所学，课堂小结(2 分钟)	20	
本课亮点 与建议(各两条)		100	

　　学生的投入度、参与度、成长度是衡量课程是否由"教师理解的课程"转变为"学生经验的课程"的重要尺度。立达中学在"引发教育"课程评价中，关注学生学习态度、积极参与、自主合作、质疑思辨、理性思维与实践创新。结合学习内容，看看学生在课程学习中"知、情、意、行"等方面的发展程度以及课程目标的达成程度。

表4-11 上海市松江区立达中学"引发教育"课程评价表(学生)

评价维度＼级别	A（80—100分）	B（60—79分）	C（59分及以下）
认真态度	上课认真听讲,作业认真,参与讨论态度认真	上课能认真听讲,作业依时完成,有参与讨论	上课无心听讲,经常欠交作业,极少参与讨论
积极参与	积极举手发言,积极参与讨论与交流,大量阅读科技类课外读物	能举手发言,有参与讨论与交流,有阅读课外读物	很少举手,极少参与讨论与交流,没有阅读课外读物
自主合作	善于与人合作,虚心听取别人的意见	能与人合作,能接受别人的意见	缺乏与人合作的精神,难以听进别人的意见
质疑思辨	大胆提出和别人不同的问题,大胆尝试并表达自己的想法	有提出自己的不同看法,并作出尝试	不敢提出和别人不同的问题,不敢尝试和表达自己的想法
理性思维	能有条理表达自己的意见,解决问题的过程清楚,做事有计划	能表达自己的意见,有解决问题的能力,但条理性差些	不能准确表达自己的意思,做事缺乏计划性,条理性,不能独立解决问题
实践创新	具有科学的创造性思维,运用信息技术和不同方法解决问题,形成成果	能用老师提供的方法解决问题,有一定的思考能力和创造性	思考能力差,缺乏创造性,不能独立解决问题

任何课程的实施都需要学习空间和师资力量等资源的支撑。学习空间既是课程实施的载体,又是教学的现场和资源。对此,学校一是充分运用校内学习空间和文化资源,创设特色专业教室;二是开发校史教育资源,利用丰子恺的教育漫画进行"爱的教育"与"美的教育";三是集聚人力资源,形成专家资源库。借势专家智慧,提升学校特色办学内涵与品质;四是借助校外资源,打造学校特色培育孵化与实践基地,实现课程、场地、师资、社团活动的共建共享。

学校通过良好的硬件建设,为课程实施提供了有效的载体。一方面,学校在整体空间的设计和建造上,将学校打造成了一座设计合理、环境优美、科技和艺术相结合的现代化校园,力求服务于教育意境、学校课程、教师教学和学生学习,充分体现"艺术育人"的特征。学校力求让校园的自然环境和人文环境体现出学校特有的文化底蕴,专门成立了"艺创"课程体验中心,打造"十景、七室、六馆、一场、一中心"。拥有二十五个特色专业教室,报考美术教室、音乐和器乐教室、播音主持、表演、舞蹈等。四十多位特色专业教师。学校每个学期开展行走课程,如人文之旅、科技之旅、艺术之旅、体育之旅等。分别到杭州、丽水、桐庐、南京、南通、如皋、云南等多个地方进行采风和研学,在杭州师范大学、丰子恺纪念馆、松江科普创新实验园、G60 科创走廊、上海科技影都等成立学校艺术实践与实训基地。

学校建设了一支从全国各大艺术院校的国画、油画、版画、雕塑、艺术设计、美术教育、艺术教育等专业毕业的强大艺术教师团队,并鼓励一专多能,打造专业工作室,自编出版校本教材,开设相应拓展课。学校大力推进艺术家进校园,先后邀请了十几位老艺术家进行启智引航、言传身教。传道受业解惑,如丁建华、田奇蕊。学校还与各个高校务实合作,积极邀请专业名家来校指导课程建设和深入推进,如来自复旦大学、同济大学、上海交通大学、华东师范大学、东华大学、华东政法大学、上海视觉艺术学院、上海工程技术大学等高校的专家深入到学校创新实验室和特色场馆进行把脉式指导与咨询论证。学校还与华东师范大学教育部中学校长培训中心、上海市教科院普教所、仇忠海名校长培训基地深度合作,多次邀请高校与院所专家来校进行课程教学的顶层设计与逻辑建构。

第五章

"引发教育"的教学转型

"引发教育"关注教学转型，打造活力课堂，全面促进教学形式与学习方式的转变。从关注"引导启发，合作帮促，精讲精练，即时评价"，到"自主预习，合作帮促，达标检测，归纳总结，多元评价"的教学流程转变，再到突破瓶颈，提供技术支持，最后到教师对真课堂真问题的创造与研究。"引发教学"引发全程育人、全科育人、全面育人"静悄悄地变革"。

立达中学已有近百年的历史,早期的"立达学园"是 20 世纪中国"理想主义教育"的典型代表,曾以一种崭新的教育理想引领了一个时代的中国教育改革。其中,"引发教育"下的教学转型就是"在自由的环境中,引导学生自觉自主自动地发展其智识和个性"的教学。立达创办人匡互生认为:"教育的真义是引发而不是模造,教育者的责任,是要使被教育者在能够自由发展的环境中,能够就他的个性自然发荣滋长。在教学过程中做到教、学、导合一。"①其要素是自由和谐的发展环境、教育者的引导启发和激励、学生的独立学习和自由思想、基于自觉自主自动的互助研究。

今天,匡互生先生的"引发教育"思想,仍是现在学校办学的重要思想。在"引发教育"引领下聚焦于"教学"方面的改革,我们在称之为"引发教学",它是立达中学宝贵校产。学校尝试"引发教学"课堂改革,通过改进教学方式与学习方式,创建绿色的学习环境,致力于课堂转型,变革促进整体教育质量的提高。"引发教学"就是引导学生发展的教学,它强调教师的主导作用和学生的主体作用,不仅关注教师的教、引导、启发,更重视学生的学,并合理利用各种资源、手段、策略为学生的学习服务,引导学生发展。立达中学"引发教学"的本质就是以学定教、智慧教学,就是要唤醒学生、思维碰撞、情感共鸣、参与体验,让学生想学、乐学直至善学。其目的就是为学生的终生发展奠定基础。

2009 年,在"引发教育"思想的指导下,立达中学全面开展"引发教学"实践,至今已经走过十余个年头,旨在通过引发教学促进"创建以学习者为中心"的课堂与教学的深度变革。

一、教向何处: 教学迷思及上下求索

(一) 生源变化带来的教而难进

上海市松江区立达中学地处松江老城西南边缘的城乡接合部,贫困、单亲家庭较

---

① 匡互生. 立达、立达学会、立达季刊、立达中学、立达学园[A]. 匡互生和立达学园[C]. 北京:北京师范大学校史资料室,1985:19-31.

多,初中生源不够理想,高中部问题学生相对集中,表现为行为规范偏差、集体观念淡薄。课堂中,教师讲得多,学生被动接受,思维能力弱化;课后,教师抓得多,学生依赖性强,缺乏主动学习愿望。学生厌学、懒学,教师、家长焦灼、困惑,学校的发展陷入困境。2009 年 9 月,立达中学从民办转回公办,面临着办学体制的变化和生源质量的变化。学校办学进入了低谷,学生迷惘、教师困惑,学校在寻求出路。

为了提高教育质量,教师比原来多花几倍的精力,牺牲大量休息时间去辅导学生。学生思维能力弱化,越来越不会学习,越来越依赖教师"教"和"辅导",形成恶性循环。面对这一现实,学校也做出了系列改变和努力。

(二) 在"向外看"与"向后看"中寻求出路

在课堂教学改革之初,并没有现成的模式,于是采用"走出去""向外看"的方法,向课改成功学校学习。先后派出五批共八十多人次外出培训,观摩了很多学校课堂改革成功案例。如本市闵行区教师进修学院附属梅陇中学的"智慧教学"课堂模式,山东杜郎口中学"三三六自主学习"课堂模式,江苏洋思中学"先学后教,当堂训练"课堂模式,江苏东庐中学"讲学稿,讲学合一"模式,以及如皋的"活动单导学"模式等等。外出培训回来,信心倍增,教师们大开眼界,感慨万千,深感当前课堂教学改革之迫切。但照抄照搬肯定是行不通的,因为每所学校的教学环境、教师的教学风格、学生的学习基础、学校的管理机制都有所不同,甚至有显著差异,特别是立达中学有着近百年的发展历史,沉淀下了丰厚的教育思想,立达学园"引发教育"思想,曾经影响半个世纪的中国教育。

在"向外看"与"向后看"的迷茫、沉思、定睛中,学校管理团队与教师多次研讨,深度思考如何把以上兄弟学校课堂教学改革成功案例经验、立达的教育思想、绿色教学指数和分层教学的要求校本化。经过一年多的实践探索,我们认为"引发教学"是符合立达中学课堂教学改革的实际的。作为立达人,根据时代要求,我们有责任对引发教学进行实践探索,赋予其新的内涵,将其校本化,实施"以学定教"。所以我们以课题研究为引领,以闵行区八校课堂改革和松江区六校"分层教学管理"两个共同体为学习基地,以区教师进修学院为依托,以教育局课堂教学改革要求为指导,在课堂教学实践中探索"引发教学"模式。

由此,立达中学果断提出进行"以学定教,学案导学"的课堂教学改革,改变教师满堂灌、学生被动学的教学方式,倡导小组合作、合作探究、班级讨论、角色扮演等多种教学形式,实现由线型课堂教学结构向立体教学结构的转变,逐步实现课堂教学的转型。

(三)分阶段的探索带来层层改变

学校在教学方面的改革从经验摸索到日渐成型,再到逐层深化,有一个实践层面不断探索、改进与更新的过程。其中,2007 年 9 月—2010 年 9 月,思考阶段:课堂教学转型,思考关注教师教到关注学生"学"转变。2010 年 9 月学校决定以"引发教学"为载体,试点课堂教学改进,从关注教师的"教"向关注学生的"学"转型。2012 年 4 月 17 日,立达中学隆重举行"引发教学,打造活力课堂"研讨会。2014 年 4 月 27 日,全国初中课堂教学改进同课异构展示在立达中学开展。2014 年 9 月"引发教学"的内涵与外延、理论与依据、流程与策略的框架基本架构完成。2014 年 11 月 4 日松江区青年骨干教师教学展示活动首开式在立达召开,2014 年 11 月 27 日《"引发教学"打造活力课堂》课题结题活动。涌现出一批教师,四年来他们的坚持课堂教学改进,现在的课堂教学彰显了他们独特的教学风格。2014—2017 年,立达中学引发教学进入课堂转型与变革的第二阶段,更加关注核心素养、信息技术和特色培育,引发教学不断"深化"。2017 年至今,引发教学聚焦于教师日常对"真课堂"的研究与创造。

如果说第一阶段的"引发教学,打造活力课堂"的课题研究更多的是自上而下的一种改革设计,一种思想发动,采用"引导启发,合作帮促,精讲精练,即时评价"的教学流程。那么第二阶段的研究则聚焦于教学培养什么,以及新时代下如何利用信息技术更好地实现这一目的,同时在学生成长、教师发展的同时,学校特色课程的培育。第三个阶段,"课堂转型"则应当更多地依赖我们每一位教师日常对"真课堂"的研究和创造。而破解这个难题的充分条件就是要进行"引发教学"课堂转型。实现常态化课堂才能促进学生自主发展,才能突破教学瓶颈。

"引发教学"的实践成果展示中,教育部校长培训中心培训部主任王俭博士认为,立达中学经过多年的研究,从反思原有的学习仅仅依靠机械的记忆即"记中学"慢慢发展到"做中学",最终发展到最高的境界"悟中学"。闵行区教师进修学院副院长王永和认为,立达"引发教学,打造活力课堂"改革至今,取得了初步成功,产生了五个非常明显的变化——教师转变观念,学生有自信了,课堂面貌新了,师生关系好了,教学质量高了。"引发教学"回答教学的目的到底是什么样的这一个教学根本问题。松江区教师进修学院副院长杨敏认为,立达中学的课堂教学在发生"静悄悄地变革"。它主要体现在以下五个方面:教师本位向学生本位转变;独白式教学向对话式教学转变;封闭式教学向互动式教学转变;灌输式教学向启发式教学转变;关注知识传授式教学向关注全程育人、全科育人、全面育人转变。

二、建基何方:借鉴前人的教学智慧

"引发教学"的提出与具体化,首先是来自于学校"引发教育"的办学哲学,建基于匡互生等学校先贤对于教育真义的阐述基础上,进而在"教学"这一环节具体化。但凡有真知灼见、直抵教育本义的思想大抵都有其相似性。有不少深悉立达中学"引发教育"实践的理论与实践工作者,都认为立达中学九十多年前的思想是先进的,超前不止百年。如今,依然能够直抵痛点,解释与解决教育教学中的诸多问题。

相似性的理论很多,"引发教学"的理论基础和苏格拉底、梅里尔、加涅、凯勒、乔纳森的理论就有较高的一致性。在"引发教学"具体行动改进的实践研究中,我们也再次研究这些相关理论,并指导实践的革新。相关理论基础,择其要义,梳理如下。

(一) 苏格拉底的"教育即点燃火焰"

苏格拉底说过:"教育不是灌输,而是点燃火焰。"在苏格拉底看来,教育就是要人爱智慧,对智慧的追求关涉自我灵魂。正因为如此,苏格拉底的教育旨趣直指人的自我认知,你要认识你自己,认识你自己追求生命的整全使命,让自身向生命整全敞开。在教育上,苏格拉底首先提出了什么样的人是有智慧的人,以及知识和智慧的关系问题。苏格拉底得出结论,认为那些所谓有智慧的人其实都不是有智慧的人。有智慧的人在于"自知其无知"。"自知其无知"这一思想在教育史上具有重要的意义。首先,苏格拉底的"自知其无知"的思想,提出了教师在教育和教学方面所应具有的重要的品质和态度,即谦虚品质和真诚"无知"的态度问题。其次,这一思想也恰恰成为苏格拉底教学方法的基础。

其中,苏格拉底教学法对今天的课堂教学依然影响深远。"苏格拉底法"是一种对话式教学方法,它并不是把学生所应知道的原理直接教给学生,而是从学生所熟知的具体事物开始,通过师生间的对话、提问和讨论等方式来揭示学生认识中的矛盾,刺激学生在教师的帮助下寻找正确答案,得出正确的原理。这种方法包括讥讽、"助产术"、归纳、下定义。讥讽是通过不断提出问题使对方陷入矛盾之中,迫使对方最终承认自己一无所知;"助产术"即启发、引导学生,使学生自己思考,得出结论;归纳即通过否定对方对事物片面的意见,不断找出普遍、必然真理,即从个别到一般的方法,有利于学生思维能力的锻炼和提高,并使学生自觉地多方面地思考问题,从而学会养成辩证地、具体地看待问题的习惯。谈话法作为一种学生和教师共同讨论、共同寻求正确答案的方法,有助与激发和推动学生思考问题的积极性和主动性。[①] 虽然苏格拉底并没有明确提出因材施教的方法,但他的谈话明显表达了这个意思。

苏格拉底对话式教学的用意在于启发,而启发需要植根于情境与生活之中。在科学主义的思想支配下,与生活息息相关的教与学的活动也被教育者简单地设定为一套具有客观普遍的,并在设定者自身看来非常完美的体系。更有人,为追求所谓的科学性,把教学等同于程式化的步骤的罗列,根本不考虑学习与生活世界的关联。人们把灌输作为教育最重要的手段,教育者不顾受教育者的实际情况,采用灌输等简单粗暴的方式把教育缩减为知识,把知识强行加到受教育者的身上,把受教育者置于一种被动的地位。在这种方式的教导下,受教育者知道的仅仅是远离生活的善恶概念及死板僵化的知识,对他们的具体行为没有任何指导意义。苏格拉底式启发式的对话通过双方平等交流和探索,达到引人入胜的智慧境地。这种对话既是智慧的探讨过程,同时也是教育的发生过程。这种对话一方面展示了以反思方式去追寻"人应该如何生活"的终极问题,另一方面则展开了日常生活与哲学、智慧发生关联的途径。[②]

(二) 加涅的"九大教学事件"

加涅认为,学习是人的心理倾向和能力的变化,即学习是一种内部过程,但受外部刺激或事件的影响,由于教学的最终目的是为了促进学习者学习,所以我们应该按照学习的内部过程来进行外部的教学活动。于是,加涅以"为学习设计教学"为核心提出了"九大教学事件"。[③] (1) 引起学习注意;(2) 交代学习目标;(3) 回忆相关旧知;(4) 呈现教学内容;(5) 提供学习指导;(6) 引发行为表现;(7) 给予信息反馈;(8) 评

① 刘晓琴. 苏格拉底与弗莱雷对话式教学的比较与启示[J]. 科技创业月刊,2015,28(22): 110 - 113,116.
② 夏宏. 苏格拉底哲学教育观的启示[J]. 现代大学教育,2009(03): 63 - 66.
③ 盛群力. 教学设计. 北京:高等教育出版社,2005: 121 - 123.

估行为表现;(9) 强化保持与迁移。九大教学事件以线性方式呈现,构成了一个完整的教学过程。

加涅特别指出,按照以上九个教学事件的顺序展开实施的教学最合乎逻辑且成功的可能性最大,但并不是一成不变的。九大教学事件为教学提供了一个参考的框架,也体现了加涅作为行为主义思想代表者强调通过外部刺激来激发学习的主张,所以他较为关注外部学习条件的设计。

柯隆杰认为加涅的九个教学事件较为偏重客观主义,为寻求客观主义与建构主义的平衡,柯隆杰提出并分析了两类学习过程,证明了一个学习事件可能同时包含客观主义成分和建构主义成分,并指出一个学习事件含有高的客观主义成分并不代表它就具有低的建构主义成分,反之亦然。他通过在直角坐标(横坐标代表客观主义,从坐标原点往右数字逐渐增大,表示由间接到直接;纵坐标代表建构主义,从坐标原点往上数字逐渐增大,表示由简单到复杂)上对两种方法加以区分联系,得到了四个象限,分别是浸润(Immersion)、灌输(Injection)、整合(Integration)和建构(Construction),并对每个象限都做了讨论和解释。

(三) 梅里尔的"首要教学原理"

首要教学原理是美国犹他州州立大学教授戴维·梅里尔(M. David Merrill)于2002 年在美国教育技术专业杂志《教育技术》上首先提出的,他既是以加涅为代表的第一代教学技术与设计理论的核心人物,又是第二代教学技术与设计理论公认的领军人物之一。在总结了行为主义、认知主义、建构主义等众多学习理论以及考察了众多的教学设计理论与模式的基础上,他提出了以最终促进学习者学习为目的的五项教学的首要原理①。这五项原理是:(1) 当学习者介入解决实际问题时,才能够促进学习(问题原理);(2) 当激活已有知识并将它作为新知识的基础时,才能够促进学习(激活原理);(3) 当新知识展示给学习者时,才能够促进学习(展示原理);(4) 当学习者应用新知识时,才能够促进学习(应用原理);(5) 当新知识与学习者的生活世界融于一体时,才能够促进学习(整合原理)。五项原理之间的关系是以问题为中心,将学习者置于四个明显的学习阶段中,即激活已有的知识,展示知识技能,应用知识技能,将知识

---

① M. 戴维·梅里尔. 首要教学原理[M]. 盛群力译. 福州:福建教育出版社,2016.

技能整合到实际生活中。

梅里尔教授认为,一项"原理"(基本方法)是一种关系,这种关系不管具体的课程方案或教学实践如何变化(变通方法),只要有适当的条件,它总是成立的。因此,梅里尔首要教学原理具有较强的普遍性,可以借助任何教学传递方式或任何教学模式来实施。梅里尔教授认为,首要教学原理是有效教学的各种处方,它们得到了绝大多数教学设计理论的肯定,并且有实证研究的支持,实施首要教学原理将有助于确保教学产品的教学效能。

梅里尔根据首要教学原理提出的五星教学标准。(1)教学内容是否在联系现实世界问题的情境中加以呈现?(2)教学中是否努力激活先前的相关知识和经验?(3)教学是不是展示(实际举例)了要学习什么而不是仅仅陈述要学习的内容?(4)学习者是否有机会练习和应用他们刚刚理解的知识或技能?(5)教学能不能促进学习者把新的知识和技能应用(迁移)到日常生活中?梅里尔坚决反对讲述和问答型(T&A)教学,认为它连一颗星都得不到。

(四) 凯勒的"学习动机原理"

动机以一定方式引起并维持人的行为的内部唤醒状态,主要表现为追求某种目标的主观愿望或意向,是人们为追求某种预期目的的自觉意识,是激发和维持有机体的行动,并将使行动导向某一目标的心理倾向或内部驱力。[①] 动机理论(又名动因理论)是指关于动机的产生、机制、动机与需要、行为和目标关系的理论。美国心理学家武德沃斯 1918 年最早应用于心理学,被认为是决定行为的内在动力。动机具有三个方面的功能:激发功能,激发个体产生某种行为;指向功能,使个体的行为指向一定目标;维持和调节功能,使个体的行为维持一定的时间,并调行为的强度和方向。[②]

马斯洛看来,动机理论的研究在方法论上应以人本主义心理学的方法论为指导,即坚持以人为中心,以健康人为对象,重视健康动机的研究;坚持整体动力论,务必阐明动机与有机体和环境以及动机与动机之间内在的整体动力的关联。

动机是一个复杂多变的因素,难以理解,更无法控制和预测。约翰 M. 凯勒(John

---

① 林崇德等编.心理学大辞典[M].上海:上海教育出版社,2003:223.
② 李媛.礼山女子高中汉语学习动机调查研究[D].西北大学,2019:3.

M. Keller)从对动机基本假设即一个人的动机和他的期望与价值取向两方面出发,列出了 12 个动机理论概念供参考(见表 5-1)。对教学设计者来说,理解动机原理及其在教学设计中的运用是相当重要的。在整理已有研究的基础上,约翰 M.凯勒提出了 ARCS 动机模型,对教学设计影响深远。

表 5-1 具有代表性的动机理论

A. 与价值相关的理论概念(研究哪些目的、需求和价值能激发动机)	B. 与期望相关的理论概念(研究个体期望成功的主观因素)
自我实现(Maslow,1954) 成就的需要(McClelland,1976) 对激情的追求(Zuckennan,1978) 个人能力的需要(White,1959) 强化价值(Rotter,1972) 好奇心(Berlyne,1965)	归因(Weiner,1985) 个人因果(de Chams,1976) 控制点(Rotter,1966) 习得无助(Seligman,1975) 自我功效(Bamdura,1977) 对成功的期望(Fibel&Hale,1978)

基于梳理,凯勒认为,动机、能力、机会影响学习和绩效。也就是有内外因素,内部因素是学生个体特征,外部因素是环境。1979 年,凯勒在《动机与教学设计:理论视角》一文中提出了 ARCS 动机设计模型。动机设计模型的四要素有兴趣(Interest)、相关(Relevance)、期望(Expectancy)和满意(Satisfaction)。而后他在与 Syracuse University 研究生的讨论中提出,为便于记忆,将兴趣改为"注意"(Attention),将期望改为"信心"(Confidence)。那么,注意、相关、信心和满意的四个英文单词的首字母便组合成一个 ARCS 模型。[①]

ARCS 模型告诉我们,为了激发一个人的学习动机,首先要引起他对一项学习或工作任务的注意和兴趣,再是他理解完成这项任务与他密切相关,接着要使他觉得自己有能力做好此事,从而产生信心,最后让他体验完成学习或任务后的成就感,感到满意。ARCS 模型分类与激发学习动机的方法可以通过下表(见表 5-2)加以理解。

---

① Keller,J. M.(1983). Motivational design of instruction. In C. M. Reigeluth(Ed.), Instructionaldesign theories and models:An overview of their current status(pp. 383-434). Hillsdale, NJ:Lawrence Erlbaum.

表 5-2　ARCS 模型与激发学习动机的方法①

注　　意	激发学习动机的方法
1. 唤起感知 2. 唤起探究 3. 变化	如何引起学习者的兴趣？ 使用新奇手段,采用个人化或情绪化的材料 如何使学习者形成探究的态度？ 提问,提出反论,激发探究心 如何维持学习者的注意力？ 使用多种讲演风格,使用形象化实例和比拟,增加情趣
相　　关	激发学习动机的方法
1. 确定目的 2. 动机匹配 3. 熟悉感	如何最大程度地满足学习者的需求？ 与学习者共同制定目标,说明学习效用 何时、如何向学习者提供合适的选择、责任和影响？ 使用真实的练习,使个人和小组的活动与学习风格相符 如何将教学活动与学习者的已有经验相联系？ 使用具体实例和比拟,使材料与学习者生活相联系
信　　心	激发学习动机的方法
1. 学习要求 2. 成功机会 3. 个人控制	如何帮助学习者建立成功期望？ 向学习者阐释学习要求、合格标准和评价依据 如何使学习者对自己的能力进一步产生信心？ 提供各种学习经验,增加学习成功率 如何使学习者认识到成功是自己的能力和努力的结果？ 给学习者决策的机会,帮助他们将成功归因于自己的努力和能力
满　　意	激发学习动机的方法
1. 内部强化 2. 外部奖励 3. 公平	如何为学习者提供机会,使他们运用所学的知识与技能？ 提供机会,使学习者在自然、真实的环境中运用新学到的知识与技能,心理上满意 如何为学习者的成功提供强化手段？ 可使用表扬,正面的反馈,象征性奖励等 如何帮助学习者正确认识自己的成绩？ 采用公平的考试和评分方法,考试内容应具有真实性,与学习目标一致

(五) 乔纳森的"有意义学习"

戴维·乔纳森是国际教学系统设计领域著名学者,他从客观主义和建构主义的角度,对各种学习理论加以研究,并注入自己的理解——学习时需要有意志的、有意

---

① 张祖忻. 如何将动机原理整合于教学设计过程——谈约翰 M·凯勒教授的动机系统学说[J]. 开放教育研究,2003(02): 9-12.

图的、积极的、自觉的、建构的实践,是意图—行动—反思的活动。他主张有意义学习和解决问题。他根据问题的结构性维度,将问题分为良构问题和非良构问题,继而又把问题详细分为十一种类别:逻辑问题、算法问题、故事问题、规则应用问题、决策问题、故障排除问题、诊断解决问题、技巧问题、案例问题、设计问题、两难问题。[1]

乔纳森指出,有意义学习的五要素是主动的、建构的、有意图的、真实的、合作的学习。[2] 这五个属性彼此关联、相互作用、相互依赖,构成了对有意义学习的完整描述。学习和教学活动应该支撑包含这五种属性的学习综合体。

1. 有意义学习是主动的(可操作的/关注的)。学习是人类自然的、适应的过程。人类之所以能幸存下来并繁衍进化,是因为他们能够从周围的环境中学习并适应环境。各个年龄阶段的人即使没有受到正规教育,他们在需要或希望的情况下也能掌握熟练的技能、建构关于周围世界的高级认知。当在自然的情境下学习时,人类与环境交互作用,对该环境中的事物进行操作,观察操作的结果并建构关于该现象及操作结果的解释。

2. 有意义学习是建构的(表述清楚的/反思的)。在学习的过程中,学习者清晰地表达他们已经完成了什么,以及反思他们的活动与观察结果是很重要的。建构性的学习来源于已有知识与新的体验之间的认知冲突,通过触发学习者反思这种困惑的体验,帮助他们将新经验与先前的知识整合起来。开始的时候,学习者往往会建构一些简单的用于解释世界的心智模型,但是,随着经验的增长和反思的增多,他们的心智模型逐渐地丰富与复杂起来。越复杂的模型,越能使他们对观察到的现象进行贴切而丰富的推理。意义制定过程既是主动的,又是建构的,两者是共生的。它们只有彼此依赖,才能促成意义制定的发生。

3. 有意义学习是有意图的(反思的/调整的)。所有的人类行为都是目标导向的(Schank,1994)。也就是说,我们做每一件事都是为了达到某些目标。当学习者出于自愿积极地为达成某认知目标而努力时,他们的思考、学习更多的是为了达到该目标。

① 戴维·乔纳森,简·豪兰等.任友群,李妍等译.学会用技术解决问题:一个建构主义者的观点[M].北京:教育科学出版社,2007.
② 贾义敏.学习的未来:学会解决问题——戴维·乔纳森教育技术思想研究[J].现代教育技术,2009,19(03):5-9.

当学习者清晰地表达了他们学会了什么并反思学习过程和这个过程中必需的决策时，他们能更好地理解和运用新情境中建构的知识。

4. 有意义学习是真实的（复杂的/情境的）。在传统教学中，教育者往往将知识从它们的自然情境中分离出来，剥去了相关的情境性线索和信息，把知识提取成最简单的形式，供学生学习。这种做法是极其错误的。因为，世界并不是可靠的和简单的，知识的意义依赖于它产生的情境。当学生脱离于情境把知识作为算法程序去理解时，他们不知道怎样在知识与真实世界情境之间建立联系。因此，学习者很难应对真实世界中普遍存在的、复杂的、结构不良的问题。当前，关于学习的大部分研究表明，镶嵌在有意义的真实情境或基于案例的、基于问题的学习环境中的学习任务不仅更易于理解，同时也更易于迁移到新情境中去。教育者需要在真实的、有用的情境中教授知识和技能并给学习者提供新的、不同的情境练习以使用这些知识，而不是把它们抽象成规则让学生记忆及再应用到预先设置好的问题中。

5. 有意义的学习是合作的（合作的/对话的）。自然状态下，人类通常在学习和知识建构共同体中工作。在真实世界中，人类会自然地寻找他人帮助自己解决问题、完成任务。然而，学校却认为学习是一个独立完成的过程，即使学习者有合作的自然倾向，他们也很少有机会在团队里合作从事有价值的活动。然而，我们认为仅仅依赖独立学习会使学习者难以形成更自然、更具生产力的（productive）思维模式。合作通常需要参与者之间的对话。在群体中工作的学习者必须共同协商出关于任务的一致性理解以及完成任务所使用的方法。

"有意义学习的五种属性"（见图5-1）被作为使用技术的目标，同时也作为衡量技术使用情况的标准。基于这个有意义学习的基本假设，乔纳森将这五个方面作为设计和评价学习环境的标准。在CLES的设计中，他选取与真实世界相似的逼真问题，从复杂性和丰富的境脉两方面来满足"真实性"这个条件，模拟可操控的问题操纵空间让学习者主动参与、积极探究，开发认知工具支撑知识建构，与学习者相互协商确定目标、选择问题，增加他们的目的性，设计开发各种群件技术创设协作对话空间，建立学习者共同体，让学习者在协商与碰撞中精制化自己的认知结构。这一切无不是为支撑有意义学习所做出的努力，因此，可以说，有意义学习的五个属性是建构主义学习环境设计的内隐指南。

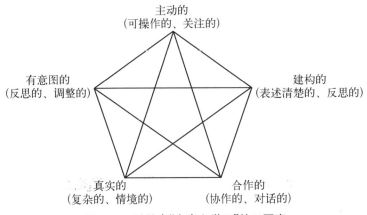

图 5－1　乔纳森"有意义学习"的五要素

以上理论为"引发学习"提供了理论基础,为具体的"引发教学"实践提供了理论参考和指导方向。尤其是在教学设计与实施过程中,这些理论提供了特别多的具体的、针对性的指导。基于这些理论与学校"引发教育"办学哲学,立达中学的教学转型必须要基于教师理解与教师行动,为进一步落实到实践中,学校提出了"引发教学"的原则与要求。

三、教有所依:立于引发,达于成长

(一)"引发教学"的概念

匡互生认为,教育的真义是引发,教育者的责任是使被教育者在自由发展的环境中个性自然发荣滋长,在教学过程中做到教、学、导合一。松江立达中学办学的宗旨便是"修养健全人格,实行互助生活,以改进社会、促进文化"。同时,他还提倡启发式和讨论式教学方法。历经艰辛,通过尝试摸索,课改逐层推进,再结合立达中学的校史、校情,2011 年 6 月,立达中学"'以学定教,学案导学'课堂教学模式探究"成功申报为区级重点课题。2012 年 2 月,课题更名为"引发教学,打造活力课堂"。

"引发教学"的本质就是基于学生"学"的教学,是"立于引发,达于成长"的教学,是为学生的终生发展奠定基础的教学。它要求教师要根据学情和教师的教学风格,以学案为载体设计学生的学习活动,对学习基础不同的学生进行分组,运用"先学后教"策略,先自主学习,后互助合作学习,再生生、师生帮促学习。利用有效多元评价手段充分激发学生的潜能,培养学生学习兴趣、学习自信心、语言表达能力、与人合作的能力,从而达到为学生全面发展奠定基础的目的。

简单说,"引发教学"就是"引导学生发展"的教学,强调老师的主导作用和学生的主体作用,教、学、导合一。不仅强调教师的教、引发、启发,更重视学生的学,利用各种资源、手段、策略为学生的学习服务,引导学生的发展。

立达人认为,"引发教学"就是引导学生发展的教学,它强调教师的主导作用和学生的主体作用,不仅关注教师教的引导、启发、激励与帮促,更重视学生学的思考、质疑、体验。教师要利用各种学习资源、教学手段、认知策略、学习规律为学生的学习服务,让学生在"自主、合作、探究"中发展。"引发教学"的关键是引发学生思维活动,关注智力生成,发展核心素养。

(二)"引发教学"原则的提出

在研究与行动改进的第一阶段中,"引发教学"在课前预习、师生帮促、课堂训练、探究发展、倾听质疑等方面做出了一些探索,激发了学生学习的主动性。

1. 学案引导。引发教学学案引导是指学科教师在充分掌握本学科课程标准和学情的前提下,以学科教材为蓝本,结合教师本人教学风格和教学经验,创造性地为学生学习活动编写的课堂学习活动设计,导学案是引发教学活动的主要载体之一,通过导学案引导启发学生自主学习,合作学习,帮促学习,探究学习,从而实现"先学后教",教、学、导合一,促进学生的个性发展、多元发展。

2. 课前预习。学生预习的方式应该根据不同学科、不同课型、不同教学目标而有所不同,有的是新知的学习、有的是复习引入有的是问题情境创设等;预习的时间可以根据学科特点和内容需要,决定是在前还是课堂上完成;预习要坚持两个原则,既减轻学生的课外负担和保护学生的好奇心和求知欲,从而促使学生高效和快乐地学习。

3. 互助帮促。课堂互助帮促时,先是学生以"学习小组"为单位,相互问答、相互倾听、相互质疑、互通有无、优势互补。通过"生生互动",可以解决一般的问题,解决不了的问题可以记录下来,在"师生帮促"时让教师和全体学生一起解决、释疑,这样就保证了学生有看书、思考和讨论的时间。

4. 课堂训练。每个教师对收集到的习题进行筛选、改编,然后让备课组教师先做一遍,体会一下习题难度,考虑学生做的时候可能有什么样的思路,需要设置什么样的台阶,什么样的问题情境,最后在课堂上检测,教师搜集检测结果后进行后续分析,不断改进训练内容和方式。

5. 探究发展。改课堂上教师出示问题为学生提出问题,而后让学生在探究中解决问题;改教师出示题目、教师评价为课堂练习学生自己编题、评价,学生从被动做题到主动编题,激发了学习的兴趣,感受自我创造的价值。

6. 倾听质疑。"引发教学"课堂注重培养学生的倾听思考,然后提出问题进行质疑,倾听是质疑的前提,是合作帮促的基础,同时也是尊重他人见解、采纳他人意见建议人条件。

7. 及时评价。"引发教学"课堂教学评价要求评价要及时,评价要有层次性、方法要多样化和解释性。它是"引发教学"活动能够保持下去,激发学生学习的兴趣,感受自我创造的价值的强有利手段之一。

在研究初期基础上,立达中学的"引发教学"有了更加清晰、具体、须坚持的原则,即以引导学生发展的"引发教学"为基本原则。具体如下:

(1) 增进学习兴趣。引导学生对学科及各种学问发生研习兴趣。

(2) 培植自学能力。引导学生自主合作地探究学问并持为习惯。

(3) 增长基本智识。引导学生巩固基础,熟用基本工具与方法。

(4) 发展个性特长。引导学生发展潜质,发展优势,形成特质。

(5) 修养健全人格。关注情感态度价值观,提升师生精神境界。

课堂上做到三点:第一,课堂教学改革必须遵循教育规律、学生身心发展规律和学生学习规律;第二,课堂教学必须符合素质教育要求和学生可持续发展的要求,必须探索学生"自主、合作、探究"的教学模式;第三,教师是课堂教学的帮促者,要实施"引发教学"就要优化课堂氛围,尊重、信任和关心学生,建立朋友式的师生关系,使学生"亲其师,信其道,乐其学"。

(三)"引发教学"的理念与特征

在前一阶段"'引发教学'打造活力课堂"课题研究的基础上,把"引发教学、活用学案、合作帮促、即时评价"进一步提升为"以学定教,先学后教,合作帮促,质疑思辨""十六字要求"的教学理念,并将其置于学校每一个教室的前墙后壁。

课堂教学的核心环节主要包括:教师层面,"创设情境,引起思考,组织讨论,提供支持,及时评价,促进发展";学生层面,"发现问题,产生疑问,自主探索,同伴互助,归纳概括,反思提升"。

纵观立达中学"引发教学"的提出、发展与改进,可以归纳"引发教学"的特征为"做中学"与"悟中学"。"做中学"是指在任务引领、学材辅助、尝试解决下,学生自主预习、自主检测、自主学习;在任务单的引领下阅读、理解、尝试等活动的"做"中掌握的知识(这种知识是理解性知识)。"悟中学"是指在问题引导、互相启发、激励帮促下,在小组合作、相互质疑、交流讨论、问对争辩、体验反思、分析纠错等带有较强思维性活动的"悟"中掌握的知识,这种是(情感、方法、价值观)价值性知识。获得价值知识,学生可以激发优势潜能,唤醒学习兴趣,培养积极情感。

另外,立达中学基于概念、理念、原则和特征,提出了"引发教学"环节的四个基本标准和"引发教学"过程的四个基本要求。"基本标准"是指情景创设标准,即对问题的启发,对内容的引导,对活动的激励;问题设计标准,即要有明确指向,要有思考基础,要有思考空间;活动设计标准,即要有明确要求,要有动手动脑,要有分工合作;应用设计标准,即具有巩固作用,具有反馈作用,具有学科价值。"基本要求"是指把握教学的目的性——紧紧围绕教学目标展开;把握教学的条理性——内容呈现符合逻辑,环节过渡自然,语言表达流畅;把握教学的张弛性——内容安排得当,时间分配合理,多种方式交替;把握教学的应变性——典型问题,思维火花。

由此可知,"引发教学"的实践研究与行动改进是一个持续不断深入与深化的过程,在这一基本理念指导下,"引发教学"根据影响因素与情境,不断地探索与完善。

四、行将何处:教学评一致的教学流程

(一)"引发教学"的基本流程

根据"尊重差异,激发潜能、全人教育,追求幸福"的教学改革理念,我们提出了"引发教学"的标准:一是活用导学案;二是学习活动主要体现学生个体自主学习、学生互助合作学习和帮促学习;三是学生明白之后做出来,做好之后说出来,教师同时及时给予多元评价。

综合立达中学前期学校课堂教学改革情况，提出"引发教学"的基本流程，即自主预习、合作帮促、达标检测、归纳总结，多元评价贯穿始终。

自主预习。无论是新授课，还是复习课，都应要求学生自主预习。一般要求语文、数学、英语自主预习在课外进行。教师可以设计学案或编制预习提纲，学案或预习提纲要体现一定的学科逻辑关系，具有启发和引导作用。全班学生均独立完成。教师课前要了解学生的预习情况，学生在学习态度、方法、技巧等方面的各类问题能够得到暴露。

合作帮促。时间控制在一节课的二分之一到三分之二之间。课堂上让学生充分发言，可以是师生一对一问答，可以是学生俩人一组、四人一组交流或讨论，可以是小组派代表发言，也可以让学生一人、俩人或多人在全班公开讲话或对应回答。学生可以在原座位作答，也可以在讲台上发言。学生发言（动手）面应占学生的大多数。教师在听学生发言或巡视过程中，随时掌握学生的学习情况，激发学生学习兴趣，精心设计问题，点拨学生学习疑惑，克服学生学习障碍。教师课前了解到的学生预习问题，在合作帮促流程中能得到较好解决。

达标检测。时间可以在课前、课中、课的结尾。教师根据课时教学目标，设计检测内容。预设的检测内容可以反映在学案或预习提纲中，也可以写在教案中。预设的检测内容要求达标率高。教师在听学生发言或巡视过程中了解到的学生学习问题，作为生成性的问题，教师运用教学智慧，生成课堂检测题目，努力让学生当堂掌握。语文、数学、英语预习在课外进行，已经占用学生相当的休息时间，一般课外作业不布置或减量布置。

归纳总结。可以让学生归纳和总结，也可以教师自己归纳总结。归纳总结应有学科逻辑要求，方式方法多样。通过梳理整节课的知识和能力结构，对学生再次启发、引导和提升，从而让学生掌握本节课的学习内容，让教师完成本节课的教学任务，达成教学目标。

多元评价贯穿在教学流程之中。学生的学习态度、方法、技巧和习惯是多元评价的重要内容。分数不再是唯一评价。多元评价是激励性评价，是奖励性评价；多元评价是赞美语，是肯定词；多元评价是幽默言语，是莞尔笑容；多元评价也应该是善意的批评，诚恳的期待。多元评价绝不是俯下的态度、苛刻的用词，不是挖苦和讽刺，不是嘲笑和冷漠。课堂上，教师充分信任学生和依靠学生，落实学生的教学主体地位，为学生提供各种平台。培育和培养学生自信、自主、自立的学习品质,需要教师的多元评价。多元评价为教师专业成长提供平台。教师运用教学机智,发挥教学智慧,用教学改革实践书写教育叙事,讲述专业故事。

(二) 以初中物理"3.1 力"为例

在以往的物理课堂中,教师是主角,实验自己做,结论自己讲,习惯满堂灌。学生被动学习,对物理概念和规律的理解不透彻,不深入,减弱了学习能力,教学效果并不理想。上海市二期课改之后,《中学物理课程标准》确立了学生的主体地位,关注三维目标的达成,致力于学生的全面发展。物理课堂从"教师为主体"变为了"学生为主体",从"教授型"走向了"探究型",教师是课堂的主导,以丰富的物理探究活动为载体,发挥了学生学习的主动性。

近几年,我校围绕"以学定教",展开了"引发教学,打造活力课堂"的课堂改革实践。"引发教学"课堂不仅关注教师的导,更重视学生的学。我积极地参加课改实践,将"教案"变"学案",变"教堂"为"学堂",逐渐改进了物理教学。"引发教学"课改对前期备课提出了更高的要求,为了落实教学目标,研读教材,吃透课标,了解学情,设计合适学案。经过初步实践,通过"学案引导",初中物理课堂在预习、探究、检测、评价等四个方面进行了改进,下面以"3.1 力"为例,谈一谈"引发教学"模式下的初中物理课堂的变化。

1. 自主预学:暴露认知误区

建构主义理论认为,知识并不能简单地由教师传递给学生,而只能由学生根据头脑已有的知识和经验主动的加以建构。根据物理学案中的预习准备环节,了解学生对所学内容的已有知识储备是进行课堂教学的重要前提。在"预习准备"过程中,可以用判断题、问答题、填空题等形式来调查学生对所学知识的储备。通过学生自主阅读物理课本,在课前或课上完成预习内容。通过提前批改预学案或学习组长汇总反馈等方式来统计预学情况。课上,对已经掌握的知识不再学习,对存在问题较多的,也就是思维认知的误区,则进行重点研究。在"3.1 力"的预习部分,根据学习目标,设计了判断题和填空题:

一、判断题

(1) 只有一个物体也能产生力的作用(　　　)

（2）不接触的物体之间不能产生力的作用（　　　）

（3）粉笔盒压桌面,桌面没有发生形变（　　　）

（4）手拉绳子,绳子对手没有拉力的作用（　　　）

二、填空题

（1）力能使物体的_____发生改变,还能使物体的_____发生改变。

（2）力的作用效果可能跟_____、_____、_____等三个要素有关。

据统计,一个班级40名学生,对判断题(1)(4)没有任何质疑,对判断题(2)概念模糊的有8人,而弄不清楚判断题(3)有15人。像判断题(2)这类问题,学生先挖掘自己头脑中已有知识,再互相交流,通过举例子、做小实验的方法解决。因为科学课上已学过磁体的性质,一部分学生就能说出,条形磁铁吸引小铁球、同名磁极相互排斥等现象均能说明物体间不接触也能产生力的作用。而对(3)这类问题,学生从课本中只能找到两个结论,即"力可以使物体发生形变","力可以使物体的运动状态发生改变",但桌子没有运动,肉眼也看不到桌面形变,选哪个呢? 此时,学生期待教师帮助。我通过平面镜对光的反射在墙壁上光斑的移动的实验证明压力使物体发生了微小的形变。神奇的物理实验,把不可见的现象放大为可见的现象,突破了学生思维的误区,激起了学生学习物理的热情。

"3.1力"这节课实验探究"影响力的作用效果的三要素"是一个难点,一般情况下,如果没有预学环节,是安排在第二课时完成的,而因为我的学生是有准备铺垫了部分知识,再进入探究学习,这样就能增加一节课的课堂容量。但是,学生肯定是知其然不知其所以然的,需要课上分组实验探究才能得出具有普遍意义的规律,这也促使学生内心滋生了探究的愿望。预学活动环节的安排,一方面暴露了学生的认知误区,能够让学生学有目标,就像捕鱼撒网有了明确的方向;另一方面能够激发学生探究的欲望,为学生积极主动地参与小组合作活动铺垫良好的基础,如此,课上学习的效果会更好。

2. 合作探究：分享智慧成果

佐藤学在《学校的挑战：创建学习共同体》一书中告诉我们,"通过在课堂中创建'学习共同体'来实现每一个学生的学习权,提供学生挑战高水准学习的机会"。肖伯纳也说过:"你我是朋友,各拿一个苹果彼此交换,交换后仍然是各有一个苹果;倘若你有一个思想,我也有一种思想,而朋友间交流思想,那我们每个人就有两种思想了。"智慧分享体现在物理课堂中最佳的方式就是"合作探究",那么,建立合理的物理合作学习小组,设计丰富的物理探究活动,给予学生交流展示的舞台,才能发挥合作学习的最大效益。

（1）建立物理合作小组。一般的班级纵向排座会兼顾学生不同学习水平,我纵向安排学习小组。每列中物理成绩相对优秀、思维活跃、口头表达能力强的,指定"组长、副组长"各一名,充分发挥他们能动作用。每个班级共有十个这样的"责任人"。"责任人"在课上、课后协调组内实验,解决其他组员学习中遇到的困难,即所谓"兵教兵"。组内合作,组间竞争,每个组员更乐于为集体荣誉而战。从心理学的角度来看,畅快的交流能够使很多不良情绪在团体中得以消除,学生在群体中交流中体验各种各样的快乐,激发信心,释放潜能。

（2）分组实验展示交流。"3.1 力"是初二物理第一学期的内容,学生初学物理,对物理的研究方法掌握得并不深入。因此,我在准备实验器材和设计探究活动这两个方面费了不少心思。课前,我先从体育器材室、木工房找了分组实验器材。第一类:乒乓球拍、乒乓球、小车、海绵、磁铁、弹簧、小铁球;第二类:毽子、磁铁、锯条、小车、海绵、小铁球。课上,分两大组,每个大组细分四小组,进行探究活动。"3.1 力"课上探究的学案如下:

[探究活动一:力是什么?]

1. 请用桌面上的实验器材"证明力的存在",参考"示例",把实验结果填入下表。

序号	物体	作用	物体	观察到的现象
示例	手	拍打	乒乓球	乒乓球从静止变为运动

……

2. 经过你们小组实验与讨论,完成下列内容:

（1）力是_____对_____的作用。

（2）力可以使物体的_____发生改变（简称_____）;力还可以使物体的_____发生改变。

[探究活动二:力的作用效果和哪些因素有关?]

1. 力的作用效果可能与_____、_____、_____有关。

2. 本实验所采用的物理研究方法:_____。

3. 你们打算研究的问题是:研究力的作用效果与_____的关系。

4. 选择器材来研究你们选的问题,说一说实验过程、实验现象、实验结论。

这节课的探究活动体现了物理"做中学,玩中学"的理念,通过小组内合作发挥了团队智慧,大组间数据交流培养了分享精神。首先,在"活动一"中,用毽子、弹簧、锯条、海绵、磁铁、小铁球、小车、乒乓球等器材,学生亲身体验力,同时能观察到力的不同作用效果,有一箭双雕的作用。其次,在"活动二"中,研究力的作用效果跟哪些因素有关的实验时,跟原来的教学中仅用锯条或者弹簧且教师自己演示实验不同,我不指定实验器材。学生根据本组兴趣只选择一个探究因素,也不限定器材。

原本每组需要探究三个影响因素,变成每组只探究一个影响因素,原来实验结论是先写下来再读出来,而这次我只让不同小组将结论大声地说出来,这为展示成果、交流智慧分享提供了大量的时间和空间。在展示交流时,我还惊喜地发现,有的小组用锯条,有的小组用弹簧,比较了不同的形变效果;还有的小组用小车或用乒乓球,去观察比较不同运动状态的效果。这就是课改实践的新收获。教师千万不能把学生的思维框死了,一定要鼓励学生有不同的想法、做法。教师放开手,课堂也就越开放,智慧齐分享,学生的思想也就更充盈。

3. 帮促学习:引发思维活力

"引发教学"理念中的帮促学习包含两层意思:生生帮促,教师帮促。生生帮促活动表现在预学交流、合作探究、当堂检测等各个环节。教师帮促主要是在生生帮促的基础上,对合作学习进行调节与管理,适时地点拨、引导和评价,帮助学生巩固和提高学习效果。为优化物理课堂,我参与到学生的合作学习中,细心地观察和及时地发现问题,选择合适时机启发学生,引导学生自主改正、完善、提高。

各小组分别开展物理探究活动(一)时,我在巡视过程中发现有的小组忽视了磁铁、毽子的存在,这使得"力能改变物体的运动状态改变"的实验记录达不到三次以上,进而导致大组交流时不能归纳普遍规律,因此,我及时提醒,学生随即做了补充。而后,各组交流分享实验现象时,我则特意设计了彩色板书,将相似的现象用同色标出,学生顺利地归纳出力的定义、力的作用效果。

探究活动(二)最大的两点就是展示交流。各组分别派 2 名组员上台展示他们的实验过程,讲出实验结论。例如,第一组"探究力的作用效果与力的大小关系",演示过程中,只控制了力的方向相同,而力的作用点、力的大小都不同,实验结论是"力的作用效果与力的大小有关"。这说明学生对控制变量法掌握得并不透彻。于是,我向全班发问:"实验中运用了什么研究方法？这个实验操作需要如何完善？实验结论完整吗？"全班同学立刻活跃起来,七嘴八舌地议论着,而讲台前的两个学生也有所领悟,进一步控制了力的方向、力的作用点两个因素都相同,只改变了力的大小这一个因素,然后对实验结论加以完善,得出最终结论——"在力的方向和力的作用点相同时,力的作用效果与力的大小有关,且力越大,力的作用效果越明显"。通过"引导",而不是"教导",我帮助学生完善了物理过程、实验结论,学生经历了头脑风暴,引发了物理思维活力。

值得一提的是,在"引发教学"模式下的初中物理课堂中,教师帮促还有一种常用的方式,就是激励性语言评价。诸如,赞扬学生实事求是、勇敢质疑的学习品质等等。张思明老师说,"不留痕迹,是教育的最高境界"。激励性的语言评价,有助于点燃学生物理思维的导火索,有助于营造良好的物理课堂氛围,切实发挥物理课育人和育知的双重价值。本文对学习评价不再赘述。

4. 当堂检测：反馈学习效果

"引发教学"模式下的初中物理课堂,讲、探、议的时间一般不超过二十五分钟,利用十五分钟时间辅以配套的练习当场检测学习效果。第一种办法是以题目形式,五个小题左右,限定时间完成,小组长统计正确率。本组能够通过"兵教兵"的形式内化解决的,不再全班讨论。对普遍错误的题目,各组派出组员进行辩论,在思维碰撞过程中,学生对物理概念、物理规律的理解更透彻。

检测反馈学习效果的第一种形式是题目。又因物理是以实验为基础的学科,检测练习还要具有生活化、有物理学科特点,所以第二种检测形式就是利用现有的实验器材设计实验。检测练习分为必做和选做,以满足不同层次学生的学习需求。但是无论以何种方式检测学习效果,务必精选精练,尽量放在课上来完成,减少学生课业负担,保证绿色教学。

综上所述,"引发教学"课改促使初中物理课堂转型,学生成为物理课堂真正的主人,通过"自主学习,合作学习,帮促学习",学生的自主性、能动性、协作性都得到不同程度的生成、发展和提升。

自 2011 年我校开始尝试"引发教学"以来,课堂教学改革的效益正逐渐显现。第一,教师教育观念发生了转变。教师成为了学生的"帮促者",变以学科知识为主线的课堂教学结构为以学生学习为主线的课堂教学结构,强调自主学习、生生合作学习、师生合作学习,实现了线型课堂向立体课堂的转变。第二,学生的发展在广度和深度上得到了保障。课堂上学生学得愉快,教师教得开心,师生负担都得到了减轻。目前,越来越多的学生正在由被动学向主动学转化,由跟着教师教学思路走变为有个性地自主学习、合作学习。更重要的是,学生不再把学习看成是苦差事。

五、步步为进:不同关注阶段的教学沿革

"引发教育"在立达中学的教学转型实践经历了十余年,根据每个阶段关注的重点以及需要解决的问题不同,回看这十余年的探索,"引发教学"大致经历了从"关注学案"到"关注研究",再到"技术支持"的三个阶段。

(一) 关注学案阶段

1. 分"五步"走

"引发教学"实践研究探索的第一个阶段重点在以学的方式的变革来带动教的方式的变革,以激发课堂的活力和打造活力课堂,抓手是"学历案"。学习方式在于关注自主探究,学习结果重点关注学生的成长性与获得感。

"学案"又称"导学案",为达成一定的学习目标,由教师根据课时或课题教学内容,通过教师集体或个人研究设计并由学生参与,促进学生自主、合作、探究性学习的师生互动"教学合一"的设计方案。它集教师的"导案"、学生的"学案"、当堂与课后的"练案"、综合性评价为一体的导学性文本,是学生的学习指南。"导"的是方向和方法,"学"是目的和学习形式,"案"是方案和模式。依据课本、考纲、课程标准,根据校情、学情、学科性质,设计出简而精的学案,这是关键的第一步。

立达中学"引发教学,活力课堂"主要流程如下图(见图5－2)所示:

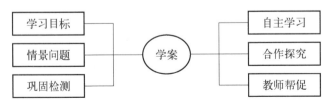

图5－2　学案结构与使用流程

在这一阶段,分五步走,重点关注。第一步,根据学情和学科课程标准设计学案。第二步,根据学案活动导学,先教师出示学习目标,设置问题,定时间学生自学,学生根据引导,研读教材,查找资料,独立思考问题,解决问题。第三步,自己解决不了的问题合作学习。组长根据本小组预习情况,组织讨论交流,特别鼓励学生提出代表性问题和疑惑问题。第四步,帮促学习。对合作学习进行调节与管理,在生生帮促的基础上,教师帮助、点拨、启发、引导;组织学生巩固与提高学习成果。第五步,当堂检测,巩固学习成果,学生完成作业或操作性训练,教师完成评价内容的积累与优化。要求评价即时评价,评价要有层次性、多样性和解释性。

综合上述,首先,教师先出示学习目标,设置问题,定时间让学生自学,学生根据引导研读教材,查找资料,独立思考问题,解决问题。然后,学生自己解决不了的问题通过合作学习,让小组长根据本小组预习情况,组织讨论,交流解决。最后,共同存在的疑问,教师帮促学习,对合作学习进行调节与管理,在生生帮促的基础上,教师点拨、启发、引导,并且通过当堂检测,发现疏漏,及时弥补。

由此可见,学生在课堂中是主角,主体地位不可动摇。在“引发教学”课堂实施的不同环节,学生的作用不同。任何一门学科的教学,都必须寻找使学生在“知识与技能”“过程与方法”“情感态度与价值观”诸方面都能够得到提高的有效策略。学生在群体中体验各种各样的快乐,发现本我、尊重自我、实现超我,尽可能挖掘自身的潜能。

2. 校本学案

各个备课组参考如皋“活动单”、东庐“讲学稿”、洋思“教学案”等学案载体,设计、编写适合我校学情的学案,争取在一年内形成系统的体系。随着“引发教学,打造有效课堂”活动的不断推进,我校适时提出了“学案引导,合作帮促,精讲多练,及时评价”的课堂教学模式。所谓“学案引导”,就是以学案为基本的载体,以教师的指导为主导,以学生的自主学习为主体,师生共同合作完成教学任务的一种教学模式。

(1)导学案设计的基本原则。第一,学案的设计要适切可行,要基于学情的需要和课程标准的要求,要具有较强的操作性;第二,学案在课堂教学中要运用得当,使学生能根据学案的要求与提示进行探究,完成相关内容,提出自己的观点或见解,师生共同研究讨论;第三,学案测试反馈准确及时。另外,设计导学案前,教师必须了解学生已经具备了哪些学习新知、所必需的生活经验和知识技能,如果所设定的学习起点与学生的实际不吻合,即使教师教得再辛苦,课上得再生动,也只是低效的教学。我校大部分学科的导学案都采用了"三段式"学习,第一部分内容适合学生自学,根据其生活常识就可以解决;第二部分内容适合学生当堂检测做完;第三部分内容适合作为学生的课后作业。设计学案时,教师只有找准学生的学习起点,才能事半功倍。

(2)学案实施的要领。运用学案进行预习。教师先让学生在学习小组长的带领下开展组内互助学习并交流课前预习的情况。例如,在语文课上,教师可以先让学生预习交流文学常识、字词句的含义以及对课文内容的理解,而后在一旁引导学生大胆质疑、各抒己见,并在学生相互讨论解决疑点的过程中,适时点拨。在预习时,教师可让学生将看不懂的地方记下来,上课时特别注意听教师是怎么解决这个问题的。教师还可以在课前翻阅学生预习过的学案,深入了解学生预习所达到的程度以及存在的问题,以便把握讲课的方向和重点。运用学案进行探究。例如,我校物理组则根据学科特点将"情境、问题、探究、归纳、应用"这几个环节,用学案引导学生探究的方式,以问题为案例,由个别问题上升到一般规律,以收到触类旁通的效果,从而培养学生的分析能力和综合能力。分小组合作进行交流。是否体现小组合作帮促的交流学习也是评价学案优劣的一个指标。教师可通过培优帮差,来丰富学生的知识积累,培养学生主动探究、协作的精神,使学生由"学会"到"会学"再到"乐学"。例如,我校初中数学教研组根据学案中预设的问题和教材已有的内容,引导学生仔细观察、发现问题,集体探究,展示交流。

(3)合理运用学案的检测部分。学案检测以巩固分层为内容形式,关注评价的时效性,以表扬激励为出发点,关注每一个学生的潜能发挥。导学案检测部分的评价分为两方面:一是课上检测,二是课后作业。学案检测的评价需要关注以下几点:检测是否及时;内容是否适切,适量,具有发展性;教学是否分层;提问是否有反馈。另外,检测的学案要生活化,有学科特点,还要注意连贯性、系统性。此外,检测学习训练的编写还要体现分层理念,分基础、巩固、提升,必做、选做。学案的使用和评价,帮助教师创设了富有生机和活力的课堂教学气氛,正在逐步解决我校学生的学习态度、学习习惯、学习行为等大而难的问题,促使学生自学能力得到提高,从而使教学质量也有所提高。当然,学案导学也有不足之处,但从教学效率与激发学生兴趣及培养学生自主合作探究的学习习惯来看,如果抓好了学案设计和教师导学这两个方面,"学案导学"不失为一种激发学生主动学习、提高课堂教学效果的有效途径。

(4)小组建设。年级组、班主任负责对学习小组管理与评价,学科教师再根据不同要求,设计量表或其他评价方式。教学是活动的、动态变化的,是师生之间,学生之间交往互动与共同发展的过程,有效地数学学习活动不能单纯地依靠模仿与记忆,动手实践、自主探索与合作交流是学生学习的重要方式。

(二) 研究"真课堂"阶段

在上一轮"以学定教、先学后教、学案引导"实践研究的基础上,怎样推进课堂转型,"质疑思辨"是本课题这一轮深入挖掘、研究"引发教学"的又一个亮点。在研究中,我们注意到,在"引发教学"的课堂里,很重要的一点就是培养学生的"问题意识",对于学生的将来,教师能做的就是教会他们寻求探求问题的途径和方法。这条途径的起点就是教会他们质疑,这个方法的要领就是设法解决问题,提高见疑就问的勇气,养成沿着疑问寻找答案的习惯,增强解决疑问的能力。因此,后一阶段组织的全员听课、名师展示课,包括组内研究课、网上研讨课等"听课评课"不仅仅是要打造让全体学生动起来的"活力课堂",还要关注课堂的"深度",即聚焦到学生是否真学习、真思考——"真课堂",开展"四课(备课、上课、说课、评课)一反思"研修活动,并且使之成为校本研修常态活动的主题,构成研讨交流的主要对话内容。

全面诊断,追因反思。课堂是教师教学和学生学习的主要场所,是促进学生发展的主渠道和主阵地。教育部《教师教育课程标准》指出:"教师是反思性实践者,在研究自身经验和改进教育教学行为的过程中实现专业发展。"仅靠"他山之石攻玉"还远远不够,内涵挖潜同样不可或缺。基于此,学校推出了"四课一反思",探索"引发教学"有效课堂。

全员听课评课。对全校教师进行专业知识、教学技能等全面的课堂教学诊断,提出改进建议。在全员听课评课的基础上,由教师自由选择录制一节课,进行录像课自我反思,教研组对教师提出改进意见,并跟踪指导督促落实,使优秀教师更加优秀,使青年教师缩短了成熟周期。

以"四课一反思"活动为主要模式,构建引发教学真课堂,初步形成"集体备课—课堂实践—观课反思—评课交流—总结评价"的基本模式。

(1) 备课环节,倡导集体备课。坚持"钻研教材,个体初备—中心发言,集思广益—集体备课,形成预案—教后反思,理论提升"四步流程。提出"四定、五必须、六备"的要求。教研组结合学科教学实际,组织研讨,群策群力,着力转变课堂教学行为,总结推广优秀经验、提高备课质量。其中，"四定"是指定人、定时间、定地点、定内容。"五必须"是指主备教师必须精心研究教学内容，参与讨论的教师必须亮出自己的观点，主备教师必须在集体备课后形成电子文本预案，教师必须对集体备课的预案进行个性化的修改才能上课，上课后必须对亮点和不足进行反思。"六备"是指备学情、备目标、备重难点、备教法、备学法、备教学设计。

（2）上课环节，倡导三个"关注"。即关注课堂中学生如何提出问题，"问题"又是如何解决的；关注学生的探究兴趣、积极性、主动性、小组合作、参与程度；关注目标的达成，包括学生知识、能力、情感态度的发展。

（3）评课。一评教学准备的充分性；二评教学过程的引发性；三评教学效果的实效性；四评教学特色与创新性。

一反思：① 通过备课、上课、说课等各环节进行反思，是否以学生的发展为中心，开展引发教学，凸显学生综合素养的提升。研讨时充分听取和采纳同伴们的合理意见与建议，对本人的教学行为和过程进行批判地、有意识地分析与再认识，写出新的教学设计。② 自我分析诊断。教师通常看不到自己课堂上的行为表现，常规的教研活动评课时，对其他老师的评价，也较难有真切的感受。为此，我们开展了"基于课堂教学实录的自我分析诊断与互动研讨"，每学年为每位教师实录一节常态课，教师通过对自己常态"录像课"的回看，进行自我分析诊断，反思自己在课堂教学中的行为表现，思考改进的方法措施。在此基础上，教研组再组织有针对性的研讨，并在研讨过程中不断回放教学实录，这有助于把默会知识显性化，使教师进而在自己的实践中重新设计与实施显性知识。

"课堂转型"，是鼓励教师在"以学生为中心"的理念下，用自己的智慧创建新课堂。学校成立由校长、书记领导的工作小组，并决定以高一年级为试点，先行一步实施。

高一学生处于初高中的衔接阶段，教师课堂教学存在的突出问题表现在教学目标的设定和"导学案"的实施上。为此，在高一各学科备课组针对学科提出的三维目标要求，以各自面临的问题为出发点，分析学情和教材特点，对教学目标的落实过程进行具体化、情境化设计，将课程"大目标"分解为实际可操作的"小目标"，让学生"可望又可及"。围绕"小目标"设计"导学案"在课堂中予以落实。同时，强调每节课教学目标的操作应随着学情的变化而有所不同、有所侧重，教师要做的是将自己的教学风格融于其中。在行动过程中，加强实践探索的案例研究，通过成果交流丰富有效经验，并进一步提炼、概括,提高课堂改进行动的理性品质。一个阶段下来,高一年级的课堂出现了喜人的变化,由于教师的主要点落实想学生上,学生的学习的积极性、主动性有了很大提高,学习的自觉性也明显加强了。

在"真课堂"研究的活动中,教师的教育理念得到进一步提升,认为研讨的对象不是放在应该如何教的问题上,而是基于课堂所发生的事实,讨论学生在课堂上"问学"的体验感受,收获了哪些成功,学生在情感态度上有哪些方面的突出表现,在哪些方面出现瓶颈等等。讨论的中心不在于对教材的解释与评论教师教学技术的高下,而是基于课堂中每一个孩子具体的学习事实。例如,高一语文备课组的教师在深入推进"引发教学"课堂过程中深刻体会到,高中语文课堂的第一阶段主要从培养学生语文问题意识的意义与价值展开,第二阶段着重探究干扰学生语文学习问题意识形成的内在与外在因素,第三阶段侧重于学生提出问题的意识与能力的研究,每一阶段都有记录,留下痕迹。在下一阶段时间中,将着重探究学生分析与解决问题的习惯与能力的培养。分阶段研究可以减轻研究压力,使研究更有针对性,有利于研究的深入与最后的总结。

我们在课题研究中,通过大量的实践分析发现,校本研修有主题的课堂研究中听课评课的文化形成是非常重要的,这样做有利于教师放开手脚来执教体现自己引发教育思想和彰显自身"引发教学"风格的公开课,供观摩讨论与交流,如全员听课、组内研究课、学校展示课等等。上课的优劣、提问的技巧、对教材的处理、上课的流程设计等都不是研讨的重点。从课堂的事实出发,引导讨论学生的学习是如何进行的,哪些地方进展顺利,哪些地方出现了障碍,这些是听课评课的核心。我们欣喜地看到,越来越多的教师正在通过"引发教学",把注重课堂的"教"逐步转变到学生的"学"上。此外,听课评课将重点放在"真课堂"的课后反思上,执教教师作为当事者,通过反思获得独特的感悟和巨大提升,听课者自身通过这节课学到也学到了许多。

(三)关注核心素养与信息技术阶段

松江立达中学实施"引发教学"课堂改革,通过改进教学方式与学习方式,创建绿色的学习环境,致力于课堂转型,促进整体教育质量的提高。"引发教学"的本质就是以学定教、智慧教学,就是要唤醒学生、思维碰撞、情感共鸣、参与体验,让学生想学、乐学,直至善学。其目的就是为学生的终生发展奠定基础,关注学生的核心素养提升、教师信息技术的融合和学校的特色培育。

1. "引发教学"要关注学生的核心素养

"引发教学"就是引导学生发展的教学,学生发展的指标就是以培养"全面发展的人"为核心。学生发展核心素养指学生应具备的,能够适应终身发展和社会发展需要的必备品格和关键能力,是关于学生知识、技能、情感、态度、价值观等多方面要求的综合表现。核心素养以培养"全面发展的人"为核心,分为文化基础、自主发展、社会参与三个方面,综合表现为人文底蕴、科学精神、学会学习、健康生活、责任担当、实践创新六大素养,具体细化为国家认同等十八个基本要点。它强调教师的主导作用和学生的主体作用,不仅关注教师的教、引导、启发,更重视课堂中的人际关系和学生学习方式,同时关注合理利用各种资源、手段、策略为学生的学习服务,引导学生发展。具体做法:以"真课堂""真问题"为研究点,充分信任教师和依靠学生,改变传统的单一"教师讲、学生听"的填鸭式教学模式,探索"引发教学"的课堂教学策略和流程——自主预习、合作帮促、达标检测、归纳总结,多元评价贯穿在这些流程之中。让学生由被动地接受知识转变为主动地探究知识。

2. "引发教学"实现信息技术与教学的深度融合

当下,信息技术革命的浪潮正以惊人的速度改变着我们的生产方式、生活方式和工作方式、学习方式,人工智能、云计算、大数据、物联网等新技术的广泛应用推动着各领域变革。教育信息化正迎来前所未有的历史机遇与挑战,"乔布斯之问"也愈加成为一个被深刻思考和待解谜题。教育部《教育信息化十年发展规划(2011—2020年)》指出,推进信息技术与教育教学深度融合,实现教育思想、理念、方法和手段全方位创新,提高教育教学质量。2016年6月7日,教育部印发了《教育信息化"十三五"规划》,通知中明确要求要依托信息技术营造信息化教学环境,促进教学理念、教学模式和教学内容改革,推进信息技术在日常教学中深入、广泛的应用。

回眸过往,近十余年来,立达中学积极推进学校发展的双重转型,通过对立达先师们的教育智慧结晶——"引发教育"不懈地传承与深化,结合教育新时代和新改革的引向,我校积极推进信息化建设,孜孜以求于现代信息技术与教育教学融合的深度与广度。在实现创建上海市特色普通高中奋斗目标的过程中,着力提升学生的信息素养、创新意识和创新能力,养成数字化学习习惯,促进学生的全面发展。近年来,立达中学借助信息化建设推进"引发教学"课堂和课程转型,取得了初步成效。积极探索利用信息技术寻求高效课堂的有效方法与创新思路,逐步实现学校教育教学信息化、管理信息化,是新形势下提高教育教学质量,促进立达中学可持续发展的必然选择。

六、以评促教:发挥教学评价的积极功能

(一)建立多元、容纳的评价体系

教育评价事关教育发展方向,有什么样的评价指挥棒,就有什么样的办学导向。2020年10月,中共中央、国务院印发了《深化新时代教育评价改革总体方案》,其中特别指出,要坚持科学有效,改进结果评价,强化过程评价,探索增值评价,健全综合评价,充分利用信息技术,提高教育评价的科学性、专业性、客观性。尤其是如何做好德智体美劳五育并举下的教学评价改革,文件中进行了集中阐述,比如关于德育评价,要坚持以德为先、能力为重、全面发展,坚持面向人人、因材施教、知行合一,坚决改变用分数给学生贴标签的做法,创新德智体美劳过程性评价办法,完善综合素质评价体系,切实引导学生坚定理想信念、厚植爱国主义情怀、加强品德修养、增长知识见识、培养奋斗精神、增强综合素质。关于美育评价,把中小学生学习音乐、美术、书法等艺术类课程以及参与学校组织的艺术实践活动情况纳入学业要求,促进学生形成艺术爱好、增强艺术素养,全面提升学生感受美、表现美、鉴赏美、创造美的能力。2021年3月7日,全国政协委员、江苏省锡山高级中学校长唐江澎在两会期间面对记者,直言不讳地说到了"唯分数论"问题,他认为学生没有分数就过不了今天的高考,但孩子只有分数恐怕赢不了未来的大考,"分数不是教育的全部内容,更不是教育的根本目标"。打破唯分数论不是不要分数,而是要建立起更多元、更具容纳性的评价体系,在关注孩子学习能力的同时,更关注他们的素质养成、创新精神与实践能力的提升。

"引发教学"课堂评价关注教学过程和学生的活动。即从学生的学习参与程度、思维状态、学习达成情况,以及教师教学的特色亮点进行信息采集分析与判据。评价的目的是激励教师有目的性、有针对性地不断学习、改进、提高的过程。期望通过对教师的课堂教学进行点评、讨论、反思,让被评教师的教学技能和水平得到提高,评价结果不与奖惩挂钩,而是为教师之间相互交流、发现各自的优缺点提供机会,为制订教师发展的目标和对策提供依据。

（二）促进学生积极学习的教学评价

评价课堂教学的标准是学习者能否进行积极有效的学习。其评价的内容包括适切的学习内容和目标、宽松的学习环境、科学的学习组织过程、有效的教学效果等。

1. 发挥积极的评价的功能

对于课堂教学评价，要发挥好如下三个方面的功能：（1）课堂教学评价发挥导向功能，能够促使教师在今后的课堂教学中，更加注重评价所侧重的各种相关因素，并将其作为课堂教学中展示和发挥的重点，发挥评价的导向功能，促进"引发教学"课堂教学改进。（2）课堂教学评价发挥激励功能，能够有效地评析教师课堂教学的状况和优缺点，只有让教师了解自己在课堂教学实践中的优点、亮点、特点和弱点，才能找到今后努力发展的基点和方向。课堂教学评价正是教师了解自己教学情况的一条关键途径。同时，课堂教学评价还可以使教师在相互之间的听课、评课活动中增进了解，互相学习，在听课、评课的交流中激发内在的需要和动力，加强教师之间的相互交流。（3）课堂教学评价可以为教师提供一个科学了解自身教学状况的窗口，使其明了自己教学中存在的不足和今后努力的方向，为教师的专业发展提供一个很好的平台。针对目前实施过程中存在的教师的适应性问题，这正是保证"引发教学"课堂改进顺利实施，促进教师专业发展的重要方法。通过课堂评价表我们能够更清楚地了解教学评价的指标、要素及其权重，也能更好地引导教师关注到"引发教学"关注的重心，以真正实现通过教师教的过程促进学生的学，乃至最终的成长。

2. 积极教学评价的标准

学习目标的达成。课堂教学目标应体现以人的发展为本，应具体、明确、有层次性和可操作性，并能反映不同学科的不同特色。能否实现课堂教学目标和完成教学内容在判断课堂教学质量高低上具有非常重要的作用。包括知识与技能、过程与方法、情感态度与价值观。

学习环境的创设。学习环境的创设能激发学生进一步学习的兴趣，启发学生思考，鼓励学生创新。包括教师正确理解和创造性地使用教材，选择的教学内容应具有时代性、基础性和综合性，体现科学性与人文性。能恰当地运用现代教育技术，合理利用教学资源进行课堂教学。

科学的教学过程。课堂教学的主体是学生，通过学生的主动学习来促进学生的发展。具体表现为学生在课堂上呈现出来的三种状态，即学生的参与交往状态、思维状态和学习达成状态。

(三)"引发教学"课堂评价"八原则"

"引发教学"课堂评价应遵循以下八个基本原则:

1. 发展性原则。引发学生全面发展,《基础教育课程改革纲要》指出,课堂教学评价应该"建立促进学生全面发展的评价体系。评价不仅要关注学生的学业成绩,而且要发现和发展学生多方面的潜能,了解学生发展中的需求,帮助学生认识自我,建立自信。发挥评价的教育功能,促进学生在原有水平上的发展"。评价过程体现人文性和发展性。

2. 主体性原则。在评价的对象上,是指被评价对象对评价活动和过程的参与,在评价的内容上是指评价中要体现互动和学生的发展,即学生是否积极参与师生间、同学间的互动。课堂教学中的互动通常表现在两个方面:学生在学习过程中有情感投入,学习成了一种内在的动力和需要,学生在课堂学习中获得成长的体验;学会合作,通过各种形式的教学活动,学会接纳、赞赏、争辩、互助。

3. 效益性原则。指在单位时间内所取得的教学成果与所付出的物质代价和精神代价的比率。

4. 即时性原则。在特定的情景下,对于学生的行为表现给予即时鼓励,调控及引导的评价活动。这是一种与教学活动过程紧密结合的"进行性评估",贯穿了教学过程的始终。通过即时性评价,往往能缩短师生之间的心理距离,营造民主、和谐、安全的课堂氛围,激发学生思维的火花,使学生获得积极的情感体验,愉悦身心发展。

5. 激励性原则。激励性体现在以激发学生内在的评价需要作为评价的重要任务,以学生未满足的需要作为激发的起点。当学生有了评价的需求,就会自觉地参与评价,把外部评价转化为进步的动力。

6. 多元性原则。评价内容多元化,包括知识和技能、过程与方法、情感态度与价值观方面的评价,也包括对学生课堂学习参与状态与习惯养成的评价;评价主体多元化,包括学生本人、同伴、家长都可以成为评价的主体;评价方式多元化,包括学生自评、师生互评、生生互评,以及由口头评价、作业评语、试卷评语、学科综合评语等组成的评语体系,以达到帮助学生进步、提高兴趣、增强信心的目的。

7. 差异性原则。学生差异性表现为发展基础及发展目标的差异性。因此,教师鼓励学生根据自身的发展基础和兴趣确定个性化的发展目标,并以此为依据确立个性化的评价标准,鼓励学生在原有基础上不断提高。

8. 过程性原则。将评价贯穿于学生学习的全过程,包括关注学生知识技能发展、课堂参与、交往状态等,对学生进行形成性评价,反映学生真实、全面的发展状况。引导学生对自己的学习进行阶段性评价与反思,对学生的进步及时鼓励,对学生的问题及时引导,使学生全面了解自己的学习现状和成长轨迹,从而更明确自己发展的目标和努力的方向。

总之,为更好地发挥评价的积极功能,实现其增值性意义,"引发教学"更关注学生在学习过程中的参与、思维状态和达成情况,以促进其连续性学习的发生(见表5-3)。

表5-3 立达中学"引发教学"课堂教学评价表

课题		时间		
评价指标	评价要素	权重	得分	评价要点
学案使用	关注学情,设计合理,符合课程标准,利于课堂学习活动,具有导学功能	10		
参与过程	自主学习,小组合作帮促,主动探究,积极表现	10		
	面向全体,关注差异,分层有序	10		
	捕捉课堂生成资源,即时评价,关系融洽	10		
思维状态	引发到位:思维活跃,敢于质疑争论,发表个人见解	10		
	思维深刻:能提出具有挑战性与独创性的问题与见解	10		
	智慧提升:能对问题进行有效的讨论和解决	10		
达成情况	积极主动投入学习,获有喜悦和成功的体验	10		
	学习达标,学有自信,表达通畅,板书规范。检测反馈效果好	10		
	不同层次学生在原有基础上都有发展	10		
合计得分		100		
特色亮点	1. 2.			
改进意见	1. 2.			

七、研教一体：教师课堂教学再研究

关注"课堂研究"或教师的"教学研究"是"引发教育"的教学转型在第二阶段的重要特征，之所以在此单列一节论述，是因为随着教学转型的不断深入，我们愈发认识到"教学研究"对教师专业成长与教学改进的意义不可小觑。同时，校内研究氛围的兴起，也引领着教学转型不断深化，走向下一个实践阶段。

（一）课堂录像课自我诊断与改进

开展以"引发教学，自我反思"为主线的真实课堂录像课自我诊断活动。录像反思是利用录像将教师的教学过程和学生的活动记录下来，进行课后的反思和分析。其优点在于本人反复观看琢磨自己的课，哪些地方做得好，需要保持好发扬，哪些地方需要克服改进。在这个过程中，有的教师让教研组其他教师参与观看讨论帮助，还有的同一备课组将不同教师同质课的教学录像彼此分享，进行对比分析，提升很快。

学校改革以往"绿叶工程"，采用评选年度"立达名师"和"立达教学能手"，对教师的课堂教学改进触动更大。这些每年推出的骨干教师其中有一部分是新生力量，后起之秀，他们是学校教育教学涌现出来的宝贵资源，是推动"课堂转型"的重要力量，应充分发挥他们对周围的辐射引领作用，以促进广大教师课堂教学能力的提高。目前我校区骨干教师 11 人，区中心教研组学员 4 个，校级骨干教师 20 名。本学期各教研组在全员听课基础上，让名师上公开课或示范课，并组织学科专题研讨，聘用名师担任骨干教师的师傅，开设专题讲座 5 次。通过教学能手和教坛新秀与校内骨干教师结对、同质学习，专业引领等方式，带动教师积极参与课堂教学研究与改进，提升研究能力和专业水平，同时为青年教师搭建展示舞台，推荐他们参加各级教学比赛等活动，锻炼成长。

（二）开展课堂中的真问题研究

小课题研究，实际就是以教师自身教学过程中发生的具体问题为研究对象，以问题的解决为研究目标的课题。教师选择课题不是说对其已经有了很深刻的体验或者很成熟的心得，而是有些一直没得到解决的问题在长期困扰他们，促使教师参加"个人课题"研究以求解决问题。但是懒散的教师找到合理的借口,总是强调教学任务忙,没有足够的时间和精力去研究,结果这些困扰教学的急待解决的问题成了永远没有解决的问题。小课题研究,因为有确定的研究目标和时间限制,能够鞭策教师改掉懒散的坏习惯,拼命去挤时间,以期取得满意的研究成果;同时和同行参与研究,也使教师在进行自己的课题研究时不感到孤独。学校先后多次召集教科研会议,举行讲座,学习相关的教育理论,督促并指导教师切实投入"个人课题"研究,通过指导与研究心得,对自己的课题研究慢慢有所领悟。小课题研究,最广泛地调动了一线教师参与教学科研的积极性。

几年来,我校把教科研工作的重点放在校本研修的基本框架内,充分挖掘教育科研的内涵,通过"主题引领,基层展开,典型辐射",有力促进教师提高教育教学能力,学校力求科研指向"三个回归"(教室、教学、教师);科研思想突出"三种意识"(主体、合作、个性);科研效益实现"三种功能"(培育、研究、变化)。在区重点课题引领下,课题更理性,针对性更强。目前初步形成了以教师和备课组为主的数量较大的校级课题,以部分教师和校处为主的区级课题,以及少数质量较高的市级课题,三者组成"金字塔"形结构。利用"金字塔"顶层典型课题发挥辐射作用,开展实实在在的小课题研究,立足于教师在课堂上遇到的"真问题"的研究。市区级重点课题引领,校级课题数量多、视觉广,每年教师研究的校级小课题50个以上,撰写论文70篇以上。优秀的课题和论文征集发表在每年的《立达教育》专刊上,供教师分享借鉴。学校举办科研讲座,请专家指导,组织学习沙龙,大会交流。采用教师的行动研究、教师的案例研究。鼓励教师撰写教育成果、参与研讨、论文发表等。教师在研究小课题的过程中,必须关注以下七个方面:为什么要参与"小课题"的研究;研究的这个课题到底有什么意义;学习理论拓宽课题研究的视野;立足现状提升研究高度;实际出发摸清学生现状;及时回顾总结阶段研究成果;结合教学实践验证研究成果。现以2015年立达中学小课题为例(见表5－4):

表5－4　部分教研小课题

管玉叶	数学作业分层设计的探索与思考
陈斌莉	高中数学作业布置的有效性策略研究
陈小燕	怎样优化发现式英语教学情境

陈仲佳	如何控制运动训练中学生受伤
庄士忠	初三数学课堂教学有效性的探究
代晓玲	历史课堂教学中的问题设计
高　芳	课堂教学中小组合作的有效性
高　勇	有效导入让课堂引发教学更有效的实践研究
胡　玮	探讨高二地理教学方案的设计
陆密莉	探讨高二地理教学方案的设计
贾雨姗	探讨高二地理教学方案的设计
张秀梅	探讨高二地理教学方案的设计
耿立艳	如何激发学生学习马克思哲学的兴趣
胡雅萍	数学课堂教学中的设疑
黄爱清	多角度的词汇教学
季先华	"以学定教，少教多学，挑战性学习"的作文教学法
胡　强	议宜充分，练求扎实
李秀娥	政治课堂教学中导学案的使用
刘　妍	史料教学的价值
陆密莉	提高地理课堂讨论活动有效性的策略与方法
钱静芳	如何提高学生英语写作水平
沈　怡	数学课堂教学中的设疑
汤春红	地理课堂教学中的情景教学
唐立志	高中历史课堂学生课堂参与问题
翁旭宇	高中数学单调函数概念 PCK 分析研究
吴向东	高考中解析几何中与向量的结合
夏登峰	化学课堂教学中的问题设计
徐明君	开放型数学课堂教学模式探究
杨志林	数学课堂中的"自主学习 学案引领 实践探索"
尹　蓉	数学课堂练习有效性的探究
张荣芳	微视频在高一信息科技教学中的应用研究

张秀梅	中学地理课堂教学中学法指导的研究
张子辉	高中历史试题命制问题
赵晓滨	引导学生利用生活案例资源展开探究学习
赵兴英	初三作业批改方式的探究
庄　军	高中历史作业设计有效性问题

八、群策群力：借教研组建设促教学改进

（一）规范化与特色化并进，做实做牢教研组工作

面对上述问题和现象，可见，加强教研组建设，是一个值得关注和抓实的研修突破和"牛鼻子"工程。为此，立达中学做实做牢常规性建设，从教研制度、教学规范化、团队协作、研修机制、学科特色等方面有力推进，实现困境突破。

1. 教研活动制度化。通过学校行政部门和条线的顶层设计和干预，寻求学科研训员和学科名家的专业指导，增强教研活动的目的性、针对性、计划性和有效性。如在组长引领下，规划好每一个学期的教研活动。制定学期教研计划，从学科核心素养和学科特性出发，以课程改革为核心，以课堂教学为重心，以发现问题、研究问题和解决问题为着眼点，以活动项目为载体，以合作互动为抓手，分阶段设计好一系列可操作的活动内容，并做好活动的过程与经验的细节记录和积累资源，以及做好学期工作总结。

2. 课堂教学规范化。课堂教学必须落实好教学常规的要求。教研组要以新课改的方向与角度为着眼点，以学科核心素养的内化与传递为着力点，就教学目标制定，教学内容处理，教学过程中教学方法和学习训练，教学评价与考试等几个环节与方面，结合不同学校的市级，进行具体的操作性细化研究。尤其是对教学五环节的规范要做到精细与精准，教研组长要引领教师精研课程标准和教学基本要求，尤其精研新教材改革下的部编新内容和体系与学科核心素养的关联及落实策略方法。

3. 教师团队协作整体化。教研组是一个教师的团队，成员之间有着年龄、职称、能力等方面的客观存在的差异。作为教研组群体，应把各自的优势转化为一种集体的

资源,在尊重个性和风格的同时实现相互尊重与学习,实现群体整合与互补。如组成"备课组"可以让新老结合,形成相互师徒关系,体现三人行,互为我师。建立教师个人成长档案制度,记录教师成长足迹。

4. 校本研修活动机制化。从学校日常教学的问题入手,创建学习型研究型教研组,开展校内或教研组内的校本研修。一是制定校本研修管理要求,学校行政管理团队落实组织,加强领导。二是行政蹲点和深入教研组,了解、指导并督促研修活动,阶段性地检查研修活动开展情况,加强考勤和记录。三是邀请学科研训员、学校学术委员会等专业人员给研修工作做评估,制定考核方案对研修情况做考核。四是落实校本研修组织要求和绩效奖励机制。通过效果监测机制评选校本研修优秀个人和优秀教研组。

5. 学科教研特色化。本于学科核心素养,深入分析学校每个教研组的个性和特质,进行全方位扫描和定位,确定撬动学科教研组的发力点和引擎器。如语文教研组借助思维导图整理知识和建构框架,数学教研组利用信息技术辅助课堂教学,充分借助电子白板、多媒体等现代化技术调动学生学习的积极性,将计算教学融入解决问题的过程中并渗透算法多样化。英语教研组利用线上线下、中外教双师互动进行情景式教学,历史教研组通过强化导学案为抓手做实备课与上课质量,地理教研组加强微视频的制作与运用,物理教研组通过自主研发的学业成绩测量与评价软件系统对学情进行精准分析和把脉。

(二) 成长性与辐射性协同,做精做细教研组建设

1. 坚实学习意识和提升自身专业素养。学校督促教研组要围绕学科核心素养组织好学习的制度化、全员化和终身化。一是积极"走出去",参加市、区等不同层次和条线组织的针对新教材和新课改的培训、交流、研讨和展示,积极参加区里的研训活动与安排。二是注重"请进来",邀请学科研训员和学科名家来校进行指导和辅导。三是通过自身坚持不懈地阅读考察不断提高专业素养和教学技能,从立德树人的学科育人功能高度理解学科教学与教研工作。日常业务和理论学习要做到集体学习与个人自学相结合,业务培训与教学实践相结合,组织教师深入学习新课程改革内容,深刻领会新课标的精神,以基础教育改革的新理念为指导,积极转变教学观念。每位教师要做好业务学习笔记,提倡每节课后的教学随笔或反思,并经常交流,从而更有效地指导自己

的教学实践。

2. 强化研训管理,提供成长平台。每一个教研组明确关系学科核心素养视域下的本学期教研主题,并以此统领各个备课组的活动,形成各年级本学期教研的有效循环系列。学校将适时举行学科教研组研讨课及观摩课,以促进全体教师加强交流,共同提高。精心组织开展课堂教学研讨与展示课、随堂课,做好各级各类公开课的听评课工作。教研组要组织教师对高考、合格考、等级考等各类考题信息的研究和做题训练,从而把握教学动向,优化教学,进而提高教师的学科功底。各教研组根据学科优势,积极引进组织承办市区级活动项目,创设学生发展的舞台,提高学生素质。每个教研组基于学科特性形成不同教研组不同课型和而不同的学科特色。利用好各级优质课、公开课、业务竞赛活动,引导教师勇于展示自我,提高素养,争当名师。

3. 发挥好组内名师与骨干教师的引领辐射功能。教研组要有计划地构建教师梯队培养,以项目培训促进教师专业发展。每位骨干每学期推出 1—2 节展现教学特色和风格的观摩研讨课,鼓励骨干教师与青年教师结对子,承担起培养青年教师的任务,加快青年教师的成长。实行定期考核,动态管理,扶持、引导他们快速成长为教学专家。积极推动和创设条件鼓励教师申报高级教师职称,尤其推动符合条件教研组长、骨干教师积极申报。加强对组内骨干教师、名师的管理,通过定期上展示课、公开课,互相学习取长补短,影响和带动其他教师尽快成长。同时利用好共同体学科骨干教师群体,引名师进门上示范课,开展教学研究。必要时请教研员给学生上课,坚持以生为本、以学定教。

4. 加强青年教师的培训力度。制定个人成长计划,磨练自己各项教育教学技能,尽快提高他们的业务水平。成为充满教学智慧,洋溢教学热情,挥洒教学魅力,"享受教育"的现代型教师。抓好教龄 5 年以下青年教师教学常规的检查与反馈,建立青年工作坊,结合教研组工作,对青年教师的教案、听课和教学情况及时进行反馈交流,使他们能更好更快地成长。举办青年教师沙龙,校际联动,学科工作坊,参加教学指导团,邀请教学专家长期指导等活动,在听课、评课、听讲座以及竞赛、公开课、撰写案例、论文、论坛交流、研究课题等形式的校本研修中,为青年教师成长提供更多的学习机会。依托教研组"青蓝带教"活动,即有需要有条件的教研组尝试每学期重点对教学水平需有较大提升空间的教师进行指导,促使青年教师快速成长。

5. 进一步深化和落实教研组的精细化管理。教导处每学期期中、期末两次检查;

校长等干部深入教研组,定期参加教研、集备活动。学校中层以上干部注意聚焦课堂,坚持集体听课,与教师一起研究探讨。对教学成绩优异或暂时落后的教师进行跟踪听课,跟踪听课形式先后改进了三次,在不断的改进中,干部和教研组、集备组一起面对面当场评课。

6. 依托课题研究提高课堂效益。教研组应该教中产研,以研促教,先研后教,教研相合,养成研究意识,提高研究能力,积极申报各层面各条线的教育教学研究课题。教研组工作的重中之重应该把教师组织起来,就学科核心素养中的概念、内涵、外延、水平层次的理解与操作等等层面,就其中存在的某一问题展开讨论与交流,畅所欲言;组织本组教师研究教材、教学方法、学情、学习方法等。提高课堂教学质量是教研组的中心工作。教研组要持之以恒地开展教学方法研究、教学质量管理研究、学科课题研究、课程标准和教材的研究、教材教法的研究、学生学法的研究、考试与命题的研究。

(三) 领头雁引领雁群飞,凝造教师专业发展共同体

此外,教研组建设还需要思考与解决好下面的一些认识与方向。

1. 发挥教研组功能,教研组长是关键。教研组是校本研修的重要阵地,是一个集教学、教研、科研、培训于一身的实体。教研组长是这个实体的"领头羊",是校本研修制度建设的中坚力量。必须成为学科核心素养学习的引领先行者、合作交流者、热心服务者、学习创新者。

2. 教研组在新课改形势下应教、研、训一体化,建设与活动要抓住"学",体现"导",突出"研",做好"结"。发挥组织学习功能,提高教师课改意识;发挥教学研究功能,提高课堂教学质量;发挥培训教师功能,提高教师教学技能;重视行动研究,实现行为转变。

3. 目前关于核心素养的研究大多处于理论研究的阶段,以生为本是教育教学的根本出发点,培养学生学科核心素养是新课改对学科教学提出的新的要求,这两点正是教学研究的核心和灵魂。学生发展的"核心素养"不是直接由教师教出来的,而是在问题情境中借助问题解决的实践逐渐培育起来的。以生为本培养学生学科核心素养必须立足课堂,但又不能拘泥于课堂。学科教学及活动的形式多样既是以生为本,尊重个体差异,关注学生需求,促进个体发展的体现,也是培养学生学科核心素养重要的途径。教研组当下工作重心应是沉下心来做田野式、基于实证数据的、关于学科核心

素养的课堂教学研究。

4. 学校把加强学习型教研组建设作为学校工作的重中之重。学校高层领导和行政会议要以身为率,贯彻"源于实际需求,解决实际问题"的原则,开展学科整体的发展研究,有意识地反思自己的教学思想和行为,把教学和研究有机结合起来,以规范有序的系列主题校本教研活动和各层次的公开课为抓手,完善教研组的制度,以求常规管理的实效性。实现民主、合作、共享,打造实效课堂,提高教学质量。

5. 调整教学评价,强化集体创优。教研组要成为"一个充满思维活力的学习组织","一个解决教学问题的研究团队","一个提高有效教学的培训基地","一个懂得互助分享的温馨家庭"。正确的教学评价,可使得各学科之间宏观协调增多,教师之间资源共享、集体攻关的意识增强,团结和谐与求真务实的作风与力度增大,集体创优的意识增创最大的效益。

第六章

『引发教育』的特色培育

学校特色不仅是以往的积淀，更是学校自我发展的主题。『艺术引发、立己达人』既是学校传承，也是区域发展、学生成长的需求，更是扬其所长、滋长个性的教育追求。在继传统、求创新的办学思路的引领下，学校从目标、内容、路径、资源、支持、评价等方面形成了『艺术引发、立己达人』的特色哺育之路，形成了特色实践经验与辐射引领效果。

一所成功的学校必然有自己的特色,这个特色不是模仿,而是源自于学校本身的一种因素,是在实践过程中历经岁月自然积淀形成的品牌。"引发教育"作为立达中学的办学哲学,在指导立达"引发德育""引发课程""引发教学"等系列实践改革的过程中,既促进了学生的个性发荣滋长,立己立人,达人达己;又增进了教师的专业成长,专业能力与专业面貌的综合改进;同时,在这种自然的实践改进过程中,学校各方面工作都得以改进,学校文化浓厚,发展方向明晰,学校特色日益凸显。立达中学在建设自己的特色品牌中,与学校整体改进相辅相成,一脉相袭,形成了独特的靓丽风景。

一、特色定位: 学校特色培育的定位

学校落实立德树人的根本任务,深刻把牢"培养什么人,怎样培养人,为谁培养人"的教育根本问题。为适应学生全面而有个性发展,使其个性自然发荣滋长,激发优势潜能,聚力创建"引发艺术教育,滋长个性特长"的特色普通高中。

1. "艺",从古文献中来理解,本意是指技术与技能,或尺度与标准。任何一种技艺,如果能达到出神入化的地步,都会给人以艺术性的享受,故"艺"有艺术之意。《周礼·天官·宫正》:会其什伍,而教之道艺。《后汉书·张衡传》:遂通五经,贯六艺。"艺"又指礼、乐、射、御、书、数六种古代教学科目与才能。因此,从传统字意来解,"艺"不是单然指向某一个技能或领域。"创"是独特活泼的灵魂,是动感十足的驱动力。我们这个时代的品格就是"创",是创意迭出、澎湃生机的"创时代",我们感受着创作的氛围,享受着有创意的生活,接受着创造性文化的洗礼。"艺创素养"即艺术见长的科创素养。"艺术见长"是指学生对各艺术门类的语言、形象、思想的感知意识,具有对创意性表达的审美情趣和鉴赏理解的核心素养。"科创素养"是指学生在艺术与科学相关联的情境中,具有科学精神和创新意识,运用科学的思维和方法,发展创新能力。"艺术见长的科创素养"的内涵是指培育和建构高中生基于艺术与科技相融合自洽的适应

未来社会所需的必备品格和关键能力。

2. 如果从学科核心素养的维度和学科门类进一步区划"艺创",它包含美术、音乐、艺术、信息科技等多个学科核心素养的涵定与综合,是一种跨学科的交叉与融合,是一种无边际课程。仅艺术而言,大致可以分为四大类:语言艺术(文学、播音等);造型艺术(绘画、雕塑、建筑等);表演艺术(音乐、舞蹈、相声等);综合艺术(电影、电视、歌剧、音乐剧等)。美术大类亦包括六个门类:绘画、雕塑、建筑、设计、摄影、书法。其中每个门类又可划分为诸多小课程。

基于此,立达中学以"引发艺术教育,滋长个性特长"为特色定位,进行了与此相一致的系列探索、反思、提炼、改进,撬动了学校作为普通高中的根本变革,同时促使了这一特色更加有魂有形,成绩突出。

二、缘来缘起:聚焦艺术特色的因由

学校之所以聚焦艺术特色,培养艺术素养,出于如下几个方面的思考:

(一)对标区域特色与发展趋向

作为上海之根的松江,自古即是江南灵秀之地,艺术璀璨,翰墨飘香,创意迭出,创作满盈。既有"玉出昆冈"的云间二陆、"书画双绝"的赵孟頫与董其昌、驰名华夏画坛的"松江画派"、独领一代风骚的"云间书派",也有松郡棉布衣被天下、松江顾绣精工巧夺、"五教"荟萃九峰三泖。新时代的松江,提出了"科创、人文、生态"的现代化发展理念,学校周边弥漫着人文与科技之和谐,历史与现代共交织,艺术与科创相共生的气息与韵律。G60 科创走廊、松江大学城、上海科技影都、仓城历史文化风貌区、醉白池与方塔园、泰晤士小镇与广富林文化遗址,这些地理坐标可谓距学校一步之遥。依傍于诸多历史与现代多重光影叠合,文化资源风韵绝佳的立达中学,必然要抓住时代的契机与良好的教育生态,聚焦融合科技的艺术教育,滋长个性特长,为松江区域性发展提供适切的人才支撑、智力服务和创新赋能。

(二)基于学校历史文化传承和生源状况

学校在 1925 年由丰子恺、朱光潜、匡互生等文化名流共同创办。校徽由丰子恺设计,校歌由李叔同创作。他们主张以"爱的教育"和"美的教育"来"浸润"和"引发"学生,他们把学校看作是"美的世界"和"艺术的宫殿",以"艺术见长,生产创造"为办学特色。学校专门设置了艺术专门部,如师范科、图案科、绘画科,同时也规定了各部各科具体的课程设置。后又将艺术专门部改为文艺院,分设中国文学系、西洋画系、图案画系。丰子恺还多次组织策划了立达师生在上海、杭州等地开设画展。学校还设有农村教育科和工场教育,强调动手实践。丰厚的历史文化底蕴,赋予立达中学深耕"艺术"教育的深厚文化自信和道路自信。同时,基于学校生存现状,我们秉承着"传承不泥古,创新不离宗"的精神,2010 年,立达开始推行双重转型,走艺体类办学之路,树立学生自信和激发优势潜能,进行错位发展,帮助学校走出困境,学生找到出路。

(三) 践行国家教育方针与政策的指导意见

2019 年国家接连印发了《中国教育现代化 2035》和《关于新时代推进普通高中育人方式改革的指导意见》,意见提出"鼓励普通高中多样化有特色发展",到 2022 年,"普通高中多样化有特色发展的格局基本形成",逐步从分层办学走向分类办学,实现错位发展。习近平总书记更是在多个场合一再强调,"努力让每个人都有人生出彩的机会","不让任何一个孩子成为陪读生"。2021 年 2 月,上海市政府办公厅印发了《关于本市新时代推进普通高中育人方式改革的实施意见》,意见提出既要坚持五育融,构建全面培养体系,又要优化普通高中学校分层与分类相结合的发展模式,深入推进特色普通高中建设,让每个高中学生都得到因材施教、五育融合,走全面而有个性的发展之路。我们认为,各自为政的特色教育已经不能适应创新社会对学校教育的要求,必须将科、文、艺、体相融合,支撑学生全面和终身发展,走全面而又个性的发展之路。通过整合课程、教学、评价和资源配置等更为综合的方式,实现普通高中学校育人方式改革与错位发展,面向中华民族伟大复兴进程中的提升国民素养。

(四) "艺创"源于社会时代的变革与趋向

当今世界已经进入互联网的新时代,科学技术迭代发展,科学实验和艺术创新比翼双飞,科学的影响力通过计算机技术对艺术的介入,使各类艺术的结合以及人与艺术的关系,愈加炫目。在如今这个时代,艺术的边界已经被不断地拓展。除了绘画、音乐、书法这些传统艺术,利用工业社会的制造技术和信息社会的交互技术进行创作的艺术新门类正蓬勃兴起,而艺术家所赖以进行创作的工具,也从传统的纸笔乐器,不断衍生为诸多的科技手段。如今科技与艺术的跨界融合已经不再是一件新鲜事,而科技如何融合进艺术,艺术如何用科技来获得改造和进化,或许才是真正值得探究的话题。

可见,聚焦艺术特色,培养艺术素养的缘由是学校传承,渊源有自;区域发展,不谋而合;与学校培养目标相契合即扬起所长,滋长个性;与时代发展对人才的要求相一致;以期为高中学生今后的美满人生打下扎实的基础。

三、架构延展:艺术素养的多重表征

立达中学延续传统优势,弘扬先进文化,架构延展核心概念,铸造特色品牌。定位于"引发艺术教育,滋长个性特长",学校将艺术教育与普通高中育人标准相衔接,对艺术教育在不同方面的意蕴与表现加以揭示,迎合时代需要,促进学校先在优势融合式发展。

(一) 指向素养的"引发艺术教育"

指向素养的"引发艺术教育",必然涉及和指向对相关联的核心素养的培育,就艺术学科来说,高中艺术课程标准的核心素养包括"艺术感知""创意表达""审美情趣""文化理解"四个方面,其具体内涵和表现可以通过下表(见表6-1)概览一二。

表6-1　指向素养的引发艺术教育的内涵与表现

	素养一:艺术感知
内涵	艺术感知是艺术学习与实践活动的基础,是学生对各艺术门类的艺术语言、艺术形象、思想情感的感受和认知
具体表现	(1) 对艺术语言的感受和认知。艺术语言主要包括艺术要素、形式法则、风格特征等。艺术要素指节奏、力度、色彩、线条等,形式法则体现为结构的对比与统一等,风格特征包含体裁、流派、韵味等。 (2) 对艺术形象的感受和认知。艺术形象是运用艺术语言所创造的形象,有具象、抽象、意象等表现类型。 (3) 对思想情感的感受和认知。思想情感是艺术的内涵,体现政治性、民族性、社会性、时代性等特征。

	素养二：创意表达
内涵	创意表达是创造性的艺术表现活动,是学生在各种艺术实践中想象力、表现力、创造力的体现
具体表现	(1) 想象力是学生在艺术感知与体验的基础上,通过联想、迁移、幻想等思维活动,构思独特艺术形象的能力。 (2) 表现力是学生积极参与艺术实践,运用一定的艺术手段,表现艺术形象与思想情感的能力。 (3) 创造力是学生运用各种艺术形式和手段,进行创意表达的能力,是表达想象力和表现力的综合体现。

	素养三：审美情趣
内涵	审美情趣是审美愉悦、高雅气质、人文情怀等艺术涵养的体现,是对真善美的精神追求
具体表现	(1) 审美愉悦是学生在艺术活动中受到真善美的感染,获得快乐和美感,是寓教于乐的具体体现。 (2) 高雅气质是学生在艺术的熏陶中,艺术修养获得提升,外显为高雅的精神面貌和行为举止。 (3) 人文情怀是学生通过感受艺术表现中的生命活力,认识艺术的人文价值,获得珍惜生命的悲悯情怀和广阔胸襟。

	素养四：文化理解
内涵	文化理解是从不同的角度认识艺术,体现在艺术鉴赏、文化认同和艺术精神的领悟等方面
具体表现	(1) 艺术鉴赏是对艺术活动和艺术作品进行文化的、历史的、社会的理解与评价。 (2) 文化认同是在理解不同艺术的差异性和一致性的基础上,认同中华民族文化身份,尊重、包容其他民族艺术,形成多元文化的生态观和价值观。 (3) 艺术精神是一种充分体现人的品性、灵气和创造力的自由精神,包含对自然、社会、人生的理解。

(二) 注重艺术与科技的融合

聚焦"引发艺术教育"的特色培育,学校又进一步地聚向于艺术与科技的融合。艺术与科学关系密切。达芬奇在艺术与科学两个方面的探索与成就,广为人颂。在爱因斯坦、钱学森等著名科学家的发明创造过程中,艺术提供的创意和手段居功甚伟。可以说,科学美和艺术美二者具有相通之处。中国古代抽象数字或要素结构,比如阴阳五行在音乐、建筑、书画、舞蹈、戏曲中的运用俯拾皆是,如数学中的黄金分割、对称原理等在艺术作品中广为运用,物理学科中的混沌现象在艺术呈现中堪为经典,艺术与物理实现了无缝链接。现代科学技术为艺术发展提供了丰富的创意和表现手段,艺术的发展也为科学技术的进步从想象、和谐、美感等方面提供了创意。

因此,在教学过程中,可以充分调动学生对现代数字化媒介的兴趣,引导他们利用生活中的常用设备,如照相机、摄像机、手机、电脑等,利用相应的软件或程序,进行艺术创作活动,并进一步对利用现代数字化媒介创作的艺术作品进行欣赏,并分析艺术摄影、音乐电视、网络歌曲、动漫作品等;可以引导学生自主研究与艺术相关联的数字化设备,如制作动漫的设备、计算机音乐制作设备等,掌握基本的艺术制作技术,设置情境,创作新媒介艺术作品,开展相关的艺术活动,如为诗歌配画、配乐等。

概括来说,培育"引发艺术教育"的特色,就是学校剖析"引发艺术教育"培育的核心素养,将艺术与其他学科相融合,尤其是与新进科学技术发展融合。立达中学认真践行国家政策方针,通过整合课程、教学、评价和资源配置等更为综合的方式,实现普通高中学校育人方式改革与错位发展,面向中华民族伟大复兴进程中的提升国民素养的目标,培养适应松江区域性发展的普通劳动者和合格的社会主义事业接班人。

四、循序渐进:学校特色创建的迭代

特色创建或者说学校特色的定位不是一蹴而就,也不是故步自封,必然经历一个从无到有、从有到优、从优到精、从精到特的历程。要分阶段、分目标、分任务的渐进式推进。正所谓"十年磨一剑",如我校特色创建,也是一个坎坷而又不断获得收获的过程。

松江区立达中学 1925 年由匡互生、丰子恺及朱光潜等人创办,当时有一大批学界泰斗和艺术家在校任教,校徽由丰子恺设计,丰子恺在立达工作八年,创作了五十多幅教育寓意深远的校园学习生活漫画。校歌由李叔同创作,一直沿用至今。当时有"武有黄浦,文有立达"之说。历史车轮跨度到 21 世纪,学校几经变易,2009 年回归公办。诚如前文所述,自 2010 年以来,学校面对生源质量不佳的弱势,经过了两年思考,决定实行"双重转型",走特色创建之路。2014 年,上海市推出特色普通高中创建计划和方案。学校在上海市推进特色普通高中创建活动伊始,即积极主动地投入其中,不懈努力。

(一) 拓展"科文艺体"发展之路

现行的课程体系和"千校一面"的普通高中办学模式已无法满足经济社会对人才培养的需要的现实,也无法满足学生自主学习和个性化发展的需要的实际,立达中学要改变这种现状,确立符合时代和教育改革要求的办学理念和办学目标,并且有一个适合学校特色发展和学生发展的行动计划。

在《立于基础内涵建设 达于学校优质发展——立达中学四年发展规划(2012 年 9 月—2016 年 6 月)》中,明确学校的办学目标是"开掘学校文化内涵,以'引发教育'为抓手,拓展科文艺体多元化发展之路,全面提升学校办学质量。把学校办成继传统、求创新、创特色,若干方面在全区有一定影响力的历史名校"。

将"科文艺体"特色定位在总体办学目标之中,凸显"科文艺体"特色的育人价值和特色引领。在学生高中学习的三年时间内,学生个人发展生涯与社会经济发展需要相对接,学生个人特长与学校特色发展相衔接,学生特长学习体验和成长收获与学校特色课程体系建设相协调,高中实施选课制、走班制、导师制,与国家高考制度改革走向相一致。

2012 年起,立达中学特色定位于"科文艺体",在发展基础上,着手申请创建特色项目学校。经过自 2014 年 9 月至 2015 年 6 月的探索,学校教育教学质量稳中有升,培育"科文艺体"特色取得成功经验,落实惠及全体学生的全课程理念,形成惠及全体学生的全课程框架;提升教师整体实施"科文艺体"特色项目的水平。又经过 2015 年 9 月至 2016 年 6 月的探索,学校各项办学指标明显提升,"科文艺体"办学特色在区内产生重大影响,"科文艺体"特色若干方面在全市联盟学校中以及一定区域内有相当影响力,学校积极申报上海市特色普通高中学校。

(二) 打造 THAS 办学特色

2016 年 9 月起,学校正式将"科文艺体"特色作为学校内涵发展的基本内容,朝着上海市特色普通高中方向不断完善与奋进。立达中学在前序四年实践的基础上,打造了 THAS(赛思)办学特色,满足了学生个性化学习需要,将百分之九十多的的毕业生送入了本科院校攻读艺体类专业,而这一举动也改变了学校长久以来由生源问题造成的"考不上大学"的困境。

四年来立达中学实施课程、课堂教学双重转型,创建"科创为主体,艺体为两翼,人文为底蕴"的 THAS 办学特色。THAS——科技(Technology)、人文(Humarities)、艺术(Art)、体育(Sport),课程体验群,是学校办学特色的专业表述。在办学理念中,"科技"是亮点,"多元"是载体,"个性发展"是目的。学校从促进学生全面而有个性地发展、激发学生优势潜能出发,我校构建了融合引发艺术教育的必修课程、选择性必修课程、选修课程三类课程体系和总体框架。既包括国家课程校本化实施,又有校本特色课程群,九类校本特色课程群包括科技、美术、音乐、人文、体育、卫健、劳动、生涯规划、德育。

在这一实践基础上,学校于 2017 年 9 月申报成功,成为上海市第三批特色项目学校。

(三) 引发艺术教育,滋长个性特长

在上述创建特色项目的过程中,立达中学融合学校发展与特色创建于一体,学校各方面实践明确改观。教育教学质量稳中有升,形成惠及全体学生的全课程框架;提升教师整体实施艺术见长科创素养特色的水平。艺术见长科创素养特色真正成为学校内涵发展的基本内容,高中 THAS 办学特色在区内产生重大影响,艺术见长科创素养特色若干方面在全市区域内有相当影响力。

通过"引发艺术教育,滋长个性特长"的特色定位和课程理念,聚力融合科技的艺术素养培育。即通过门类丰富的艺术教育,在艺术与生活、艺术与文化、艺术与科技等相关联的情境中,引发学生参与各艺术门类的学习和实践活动,获得适应未来社会和终身发展的艺术感知、创意表达、审美情趣和文化理解的艺术素养。把握艺术与科学之间的相通之处,发现和体验科学中的艺术美和艺术中的科学美,激发创造性思维,理解科学技术创造中的人文精神和人与自然的关系,培养德智体美劳全面发展且有科学与艺术相融合特长的社会主义建设者和接班人。

在九年实践中,松江区立达中学根据专家意见不断改进学校内涵建设与硬件建设,经专家认定,2021 年 1 月成为了全市展示学校。在特色办学过程中,学校实现育人模式改革和学校可持续发展的过程中积累了一定经验。学校在总结多年实践的基础上,思考后续发展,有以下思路:"引发艺术教育"特色培育不断深化,继续为高中生创设合适的、人文弥漫的学习环境;为每位高中学生提供个性多元发展的课程,继续特色分类、学科分层、自主选择、走班上课。实现"保量提质"地办一所"彰显艺术特性、科

艺融合的艺术教育"特色普通高中的目标。

五、聚力致远：融通五育的艺术特色

1925 年建校以来，学校经历了筚路蓝缕、命运多舛、颠沛流离、公有民办、公办转制、双重转型的步履蹒跚之路，在这近百年的历史光影之途中，立达中学秉承着"传承不泥古、创新不离宗"的发展原则，先后经历了特色立校、特色兴校、特色强校的发展阶段。尤其是 2003 年，时任教育部副部长的吴启迪欣然为学校题下了"科技与人文之和谐"的办学指向。2010 年以来，学校经过双重转型，不断深入和提升对于特色的探索，经历了科创特色先导、艺体两翼并起、科文艺体多元特色、THAS 课程全人教育、艺创素养五育并举的五个发展阶段。学校坚持"让学生个性自然发荣滋长"的办学理念，用画笔绘就艺术梦想，用科创点亮人生理想，用艺创引发出彩人生，用立达托起未来旅程。在学校制度与管理、教师队伍建设、课程体系与教学实施、学校文化建设与资源整合投入多方发力，众志成城。

根据"引发艺术教育，滋长个性特长"特色的定位与目标，立达中学提出了"聚焦优势，建峰填谷，整体推进，打造特色"的工作策略与"三步走"的实施步骤：第一步是从艺术特长班起步，实现突破；第二步是从"一科"到"多科"，从"一育"到"诸育"，实现整体提高，推进学校课程教学改革；第三步是依托科研，使特色项目课程化，学校课程特色化，形成艺术教育办学特色，实现学校高品质发展。

（一）以"引发艺术教育"理念引领育人顶层设计

1. 建构特色培育领导小组和工作小组

学校成立了校长挂帅的特色普通高中创建领导小组和创建工作小组，为创建工作保驾护航；架构了特色普通高中创建的管理系统，明确各部门及成员的工作职责，提高特色高中创建的工作成效；创新促进特色建设的运行机制，健全促进特色建设的管理制度，完善特色创建的支持系统，确保创建工作有序、高效推进。其中，特色教育中心下设美术教育中心、体育运动中心、信息科技中心，重点落实特色专项课程、渗透融合课程、校本科文艺体体验课程的开发与实施，研究艺创素养培育过程中出现的各种问题并提出解决方案。创建工作的顶层设计，使得创建目标更加符合学校实际，创建思路更加清晰,创建策略更加具有操作性;通过创建指标解读,创建规划研读,创建步骤解析,引导全校师生达成特色普通高中创建的共识。

2. 建构学校特色理念文化体系

我校根据自身传统的特色,为适应学生全面、个性发展要求而改革教育教学与变革育人方式,从生源实际和学生生涯发展需求出发,构建了科文艺体融合、适性育人的课程体系。学校以"引发教育"作为教育哲学,把"办成继传统、求创新、创特色等若干方面在全市有一定影响力的历史名校与家门口的好学校"作为奋斗目标。以"让学生个性自然发荣滋长"作为办学理念,以"修养健全人格,引发优势潜能"为育人目标,将"科技与艺术之和谐,立己与达人相共生"作为课程理念。形成"三风一训"的校园文化:校训——立己立人,达己达人;校风——合作互助,和而不同;教风——人格感化,教唯以爱;学风——自主合作,质疑思辩。

(二)建构特色课程体系与学习空间

1. 建构"3+3+X"全课程体系

如前文所述,课程学校办学特色的最重要产品和直观反映,学校课程体系的设计和运作是为学生全面而有个性成长提供教育支持。学校课程体系的设计遵循"艺创素养,五育并举"的总体思路,以"科创主导、艺体两翼、人文底蕴,多元课程、自主选择、个性发展"为策略。以学生"全面而有个性地发展"的培养目标为导向,强调的是关注学生已有经验和兴趣爱好、个性特长等发展特点,聚焦核心素养培育,形成国家课程校本化、校本课程特色化,特色课程系列化的课程体系,整体规划学校课程体系,着力提升学校课程领导力,形成了"3+3+X"课程体系,前面两个"3"分别是指高中语文、数学、外语和选三科目,其中"X"概括为9大类特色课程体系,即引发学生在科技(Technology)、人文(Humanities)、艺术(Art)、体育(Sport)等9个系列构建的THAS课程中进行必修及选修,着力打造精品课程群。其中科技类开设了如智能机器人、3D打印、创意编程、空气动力、热带水生命等10个课程群共22门课程,人文类开设了"大师在立达""立达大师艺趣""立达名师经典阅读""立达人文校史通览""走进广富林文化遗址"等10个课程群,艺术类开设了美术、音乐、表演、摄影、播音主持等7个大类的课程共26门课程,体育类开设了8个课程群共23门课程。现在面向学生每学期各开设60多种校本化课程(立达中学"双新"课程实施表),其分解目标指向:科技求真,学会做事;人文求善,学会做人;艺术求美,学会生活;体育求强,学会健身。切实与中学生核心素养形成逻辑密切的内在统一和具体细化,真正达到锻造学生适应终身发展和社会发展需要的必备品格和关键能力,成就孩子的未来。

2. 注重课程融合与学习空间创设

学校还注重以必修性课程为抓手,聚焦"艺创"素养培育在国家必修性课程中的学科渗透与融合,形成了一系列教学设计和案例。以选修类课程为延伸和充实,开展手工创意、动态沙画等艺术与科技交互式体验等实践体验互动类活动课程。积极建构课程载体与学习空间,打造"艺术教育"课程体验中心,开展12个特色场馆与创新实验室,如科创馆、人文校史馆、艺术馆、日新图书馆、达人体育馆,智能机器人、空气动力、热带水生命、陶瓷艺术、人文语言艺术等。以参加上海市科创大赛和各类赛事承载的创新实验性研究型课程,以及15个学生社团活动为突破,致力于培养学生的创意与创作思维能力,通过整合基础性、拓展型、探究型课程,互生共融。通过社团展示、研究报告、作品汇编等形式进行阶段展示。通过艺术节、体育节、科技节、人文读书节、社团节等多样化形式展示特色课程成果,以"七景七六室五馆一场一中心"的个性化学习空间物化建构为基础,逐步形成了赛思特色课程群(见表6-2)。以多种课程相互贯通,灵活组合,提高课程的适切性和可选择性,把"艺术见长的科创素养"培育浸润在课程实施的全过程之中,构建了显性课程与隐性课程并举,针对性、选择性和可操作性并重,普修系列、精修系列与专修系列并行的学校课程体系。保障特色课程的普惠性和个性,为学生今后完美人生打下扎实基础,切实成就生动活泼的人。

表6-2 立达艺术教育特色社团课程一览表

社团名称	教 师	活动地点	社团名称	教 师	活动地点
立达之声新闻社	张 妮	高一(8)班	育品轩茶艺社团	程 济 杨海洋	图书馆西侧
叔同艺术话剧社	余丽铮	立人剧场	维真3D 动画社团	沈 韬	人工智能创新 实验室
希陶培植园 拙朴泥塑社	王 亮	劳技教室	金手指沙画社团	代晓玲	手工创新实验室
明月舞社	陈 晗	分校形体教室	DS涂鸦社团	马会学	子恺楼111画室
元庆动漫版画社	苏 韵	恺楼105画室	松江土布社团 CC科幻画社团	陆 琪	子恺楼104画室

社团名称	教　师	活动地点	社团名称	教　师	活动地点
Scratch 编程	彭慧琴	计算机房 1	先风水墨社团	王宝华	子恺楼 204 室
校园影视 TV	廖娟娟	5 楼人文语言创新实验室	古风白描社团	李　帆	子恺楼 102 画室
Photoshop 图像设计	吴　悦	高中机房	创意陶瓷社团	赵国平	陶瓷创新实验室
水生命科技体验	韩尚美	水生命创新实验室	原色社团	杨　红	子恺楼 215 画室
睿齐健美操社团	郭方乐	5 楼形体教室	七彩虹电声乐队	姜　源	琴房 2 楼电声乐队教室
道之武术社团	毛华平	操场	星辰合唱团	陈爱勤	子恺楼乐理教室
星空心灵驿站社团	李凯琦	图书馆 2 楼会议室	逐鹿辩论社	刘　莉	宿舍 223 形体教室
生命之光救援小分队	毕　波 杨诗琼	生物实验室	Wed 课程社团	邵　荣	综合楼语音室
艺术模型社团	姚　静	科创馆	数据库入门社团	吴滨瑛	计算机房

（三）聚焦"艺创融合"的引发教学课堂变革

"艺创"素养特色培育主阵地和重心在课堂。立达中学曾经的校董——中国著名教育家陶行知先生说：好的先生不是教书，不是教学生，乃是教学生学。当时创建先贤们即指出："教育的真义是'引发'而不是'模造'，教育者的责任，是要使被教育者在能够自由发展的环境中，为之去害虫、灌肥料、滋雨露，使他们能够就他的个性自然发荣滋长。教育者决不能制好一个模型，叫被教育者都铸入那个模型中的。教育者对于被教育者，又须注意他的全部的发育，决不能偏于一枝一叶……"于此可见，立达中学既来就追求个性化教育，实行人格感化，教学方法上采取"引发"，践行我校创建先贤之一朱光潜的"全人教育"思想。

为促进个性化教育的教学实践，学校提出了引发教学原则——"增进学习兴趣、培植自学能力、增长基本智识、发展个性特长、修养健全人格"，这一原则立于引发学习兴趣，利于自主研习合作互助，达于发展潜质提升思想境界。学校提出"由问题任务驱动"引发教学的基本流程，即自主预习、合作帮促、自主检测、互助总结，多元评价贯穿在问题任务活动之中,其本质是引发学生由"记中学"向"做中学、悟中学"转化,主张创意思维和创造能力培育。学校还制定了基础性课程引发课堂教学评价量表,注重探索和凝练"艺创"特色与学科教学相融合自洽的创意、创想、创思、创作。

我们一方面设计了针对教师的常态化融合艺术的学科教学评价课堂观察量表,同时也基于艺术核心素养的层次制定了学生学习能力层次的评价量表。从教学评的一致性方面真正做到对学生学习的引发、指导与支持。

(四) 抓实和做强优秀的特色师资队伍

教师是学校发展的基本依托和魂中之魂。特色创建和培育离不开一支业务精湛而又钻研进取的教师队伍。

1. 培养精湛的特色教师

针对特色教师的培养,学校采用"引进+自培"的模式,并逐渐由"外聘为主,内培为辅"实现了"内培为主,外聘为辅"的专业发展转型。学校积极搭建各种平台,盘活"外脑",充分利用社会第三方服务机构和高校专家力量,借势专家智慧,开发特色课程与编写相对应的校本资料包,制作教学微视频,利用校园网开展网络教学和课后培训,形成具有学校特色的机器人必修课程和选修课程。助力教师专业提升,拓展教师个性成长阶梯通道,建设学校特色师资高地。学校还鼓励教师跨界发展,如我校的人工智能、达人手工艺术、空气动力、热带水生命、陶瓷艺术等创新实验室的课程都是由历史、语文等学科老师在主持与开展。学校先后形成了40多位特色专业教师。

2. 提升教师研究能力

学校注重以研促教,教研相长,提升教师艺创特色的研究意识与能力。学校以区级先后重点课题"立达中学'科、文、艺、体'特色培育实践研究""'立达学园引发教学'实践研究""互联网+背景下引发教学课堂实效增值性探究""高中生'艺创'素养培育研究"作为项目抓手和科研引领,锤炼与提升教师对于特色培育和"艺创素养"在教育教学实践的探索与共识。3 年来,学校形成了 4 个市级层面的课题,10 个区级课题,120 个校级课题与研究项目。

(五) 建构特色课程与融通五育

2019 年,中共中央、国务院印发《关于深化教育教学改革全面提高义务教育质量

的意见》,文件突出了坚持"五育并举",全面发展素质教育的指导思想。文件指出:

突出德育实效。打造中小学生社会实践大课堂,充分发挥爱国主义、优秀传统文化等教育基地和各类公共文化设施与自然资源的重要育人作用,向学生免费或优惠开放。强化对网络游戏、微视频等产品的价值引领与管控,创造绿色健康网上空间。

提升智育水平。严格按照国家课程方案和课程标准实施教学,确保学生达到国家规定学业质量标准。加强科学教育和实验教学,广泛开展多种形式的读书活动。各地要加强监测和督导,坚决防止学生学业负担过重。

强化体育锻炼。坚持健康第一,实施学校体育固本行动。严格执行学生体质健康合格标准,健全国家监测制度。除体育免修学生外,未达体质健康合格标准的,不得发放毕业证书。开齐开足体育课,将体育科目纳入高中阶段学校考试招生录取计分科目。

增强美育熏陶。实施学校美育提升行动,严格落实音乐、美术、书法等课程,结合地方文化设立艺术特色课程。广泛开展校园艺术活动,帮助每位学生学会1—2项艺术技能,会唱主旋律歌曲。

加强劳动教育。优化综合实践活动课程结构,确保劳动教育课时不少于一半。

我们在认真学习和融通上位文件的同时,也结合学校特色培育的实际,在传承中不断创新和丰富,促进学生全面而有个性地发展。由此,构建系列的五育并举的校本特色课程群。

1. 建构德育融合课程群

学校认真贯彻落实中共中央、国务院《关于进一步加强和改进未成年人思想道德建设的若干意见》,坚持实事求是的思想,从学校、学生的实际出发,以立达中学引发教育和艺术特色教育的工作要求为依据,丰富和优化引发德育课程建设,积极并有效地实施德育活动课程,优化并创新德育课程评价方式,全面落实德育课程标准。

坚持培育和践行社会主义核心价值观,注重发挥立达艺术特色教育的文化熏陶作用,积极开发德育实践课程和活动课程,逐步完善艺术教育和德育工作实践的教育教学体系,在培养学生良好的思想品德和个性心理品质的基础上,努力构建具有立达中学引发教育和艺术特色教育的德育校本课程,力求在德育校本课程认识上有所突破,在德育工作实践上有所创新,在德育工作实效上有所提高,全面推进德育工作的实践育人规范化、教育活动课程化、艺术特色系列化,为我校创建上海市特色普通高中奠定德育工作基础。

在学校"引发艺术教育,滋长个性特长"的特色发展理念的引导下,通过构建以"引发德育"为核心的学生自主德育建设体系,让学生达成以下目标:

通过运用中华民族优良传统艺术的表现形式,培养学生爱国、爱家、爱校的思想感情;通过参与学校和社会艺术展示的集体活动,培养学生的集体主义思想和高度的社会责任感;通过突出艺术教育和艺术素养的学生实践活动,培养学生讲文明、讲诚信、讲法纪、明是非、辨美丑的基本态度和自我教育的基本能力;通过引导学生体验艺术审美和创作,培养学生良好的心理品德和心理调节能力。其课程结构见下图(图6-1):

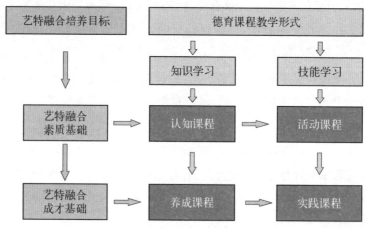

图6-1 艺特融合的德育课程结构

学校把艺术融合德育的课程分为四类:

(1)认知课程:午会课类,立达之声校园广播、艺特德育课程所涉基础知识;专家讲座类,艺术家进校园;专题报告类,丰子恺的艺术教育思想。

(2)养成课程:温馨教室类,班级黑板报评比、班级艺术环境建设展评;班级文化类,班牌艺术设计竞赛。

(3)活动课程:艺术节类,班班有歌声、爱国歌曲表演唱、器乐竞演、校园十大歌手。

(4)实践课程:职业体验,艺术职业体验、艺术之旅。

2. 建构融合艺术特色的体育类课程群

为落实"健康第一"的育人理念,促进学生的身心健康与全面发展,我校在争创上海市特色普通高中的契机下,以丰富学生在校的艺体活动、充实校园文化生活、培养体育专业后备人才为指导思想。我校根据实际情况与学生学习需求,在上海市高中体育专项化的背景下,充分激活学生的运动个性,尝试开设了田径、篮球、健美操、乒乓球、武术五门校本化实施课程,让人人有项目,切实提高学生的运动能力与体质健康,培养健康文明的生活方式,锤炼积极进取、自尊自强的意志品质,为学生身心健康全面发展打下坚实的基础。

体育类课程群的课程目标:结合我校的"引发教育"思想,引导激发学生的学生兴趣与内在潜能,切实提高学生的体质健康与运动能力水平,习得一定的运动专项动作技能,促进学生养成主动参与锻炼的习惯,形成良好的情绪调控与管理能力,培养热爱学习、热爱生活、乐观向上的行为方式与情感态度。

具体目标:(1)掌握相关运动项目知识,习得相关的专项动作技能,发展自身的运动能力与体质健康水平。(2)发展学生的力量、速度、灵敏、柔韧等体能素质,培养自主参与锻炼的能力与习惯。(3)培养学生自强不息、积极进取、不怕困难、勇于挑战、追求卓越的精神品质。

具体的课程内容:

(1)田径类课程主要以学生个性发展为需求,以小班常态化运动训练为组织形式,在高一、高二、高三不同学段年级形成了完整系统的实践课程体系,为体育类专业后备人才的培养与输送提供了有效保障,也为学生的升学与今后体育发展夯实基础。

(2)篮球运动作为我校学生参与最广泛、兴趣最浓厚的运动项目之一,根据"以赛促练"的指导思想,在上海市高中体育专项化的背景下,以男女分班选修课的组织形式开展教学与训练,以篮球运动班级联赛为动力辅助,推动学生参与篮球运动的兴趣,进一步形成浓厚的校园体育文化。

(3)乒乓球运动的开展主要在达人体育馆进行体育选修课教学与训练,学生自主参与这项运动的时间与空间受限。在我校体育教师的艰苦探索下,基本形成了高中三年学段层层递进的课程理论体系,并在实践中不断检验与完善,为学生的身心健康发展提供坚强保障。

(4)我校的健美操运动主要以高中体育选修课为主,以社团训练提高课为组织形式。健美操社团在日常的体育课程中有较好的规范体系,并在市、区级竞赛中屡获佳绩,为学校社团建设起到了很好的榜样示范作用。接下来还需要进一步探究适合我校不同学段、学情的理论课程,为学生的健康发展做铺垫。

(5)武术运动作为我校新兴开展的校本建设课程,尚处于起步阶段。根据我校学生学习需求与学校发展需要,在上海市高中体育专项化的背景下,在体育选修课的基础上尝试进一步以社团组织形式来开展,从系统的理论课程建设,到教学落实,都正在实践中不断完善。

其中,学校的艺术健美操社团,是学生非常乐于参与的一个兴趣小组,活动内容与教育性和艺术性相结合,适合高中生学生的年龄特点,它有利于培养孩子们正确的形体姿态和良好的气质,增强集体意识,培养学生的乐感。活动面向部分学生,有组织有计划的进行,坚持自愿参加和普及提高的原则,让学生在运动与音乐中感受力与美带来的青春活力。起到启迪智慧、陶冶情操,使学生的身心健康发展的作用。

我校健美操社团成立于 2011 年 9 月,是以健美操、啦啦操为主,同时结合当下流行的舞蹈元素,结合形体及民族舞的训练,使民族与流行相结合,形成别具一格的风格。

我校美操社团在吴雪琼老师的悉心指导和同学的刻苦训练下,于 2012 年取得了"农行杯"有氧健身操上海市初中组三等奖的荣誉,并在此基础上在第二年的"农行杯"全国健身操大赛(青岛赛)中获得了初中组的一等奖,在区里更是名列前茅。2013 年高中的啦啦操队也组队成立,并在 2013 年和 2014 年获得区啦啦操比赛的二等奖和一等奖。在刚刚过去的一学年,我们睿齐健美操再创佳绩,在"上海市校园健身操大赛""第八届全国全民健身操大赛(上海分站赛)"和"上海市学生健身操舞大赛"中分别获得初中组自选动作一等奖,同时在刚刚结束的在 2019 年上海市健美操锦标赛中,我校队员又获得全市第四名的好成绩。

3. 建构融合艺术特色的劳动类课程群

立达中学在创建初期就极其强调教育与生产劳动相结合。生产劳动是人类最基本的实践活动,社会生产劳动对人全面发展起着重大作用,现代化生产更是大势所趋,要求劳动者的体力和脑力在更高的水平下得到全面发展。在现代化科学技术的高速发展的背景下,各种岗位行业技术难度和复杂性不断增强,新的劳动技术理念和全新的劳动实践对于我们来说是更高的挑战,要求劳动者具备较高的素质尤其是劳动技能素质。具备现代劳动技能素养已经成为推动社会发展和进步的当务之急。我校结合"双新"课程推进、特色普通高中创建目标,制定了《上海市松江区立达中学劳动教育课程实施方案》。课程总目标：基于学校引发教育办学哲学和我校历史传统与特色定位,结合我校"双新"课程实施,建构适切于我校九类校本特色课程之一的劳动教育课程体系,制定劳动教育课程目标、内容、途径、方式、评价校本化实施方案;打造劳动教育个性化学习空间,以劳树德、以劳增智、以劳强体、以劳益美、以劳创新,促进学生全面发展。

具体目标:(1)劳动技能学习。通过学校劳动教育必修课程学习,提高学生劳动实践技能。(2)劳动教育与学科学习融合。通过学科学习渗透劳动最光荣、劳动最崇高、劳动最伟大、劳动最美丽的观念。以劳促智,以智提劳。(3)劳动教育与学生生活融合。通过学校劳动教育与日常生活的融合,增强学生热爱劳动、热爱生活的实践体验。(4)劳动教育与现代科技融合。通过融合学校劳动教育与现代科技,提升学生的科学素养和劳动创新能力。(5)劳动教育与艺术特色融合。通过学校劳动教育与我校艺术特色的融合,增进学生审美观念,提升学生创造美的劳动素养。(6)劳动教育与公益活动融合。通过学校劳动教育与公益活动的有机结合,让学生走出校园,用自己的劳动服务社会,深刻体验劳动最光荣,劳动最崇高。

4. 建构融合艺术特色的卫生健康类课程群

结合我校艺术创新特色的发展理念,我们将艺术特色优势和健康教育融合,构建具有艺术特色和人文情怀的卫生健康教育课程体系,科学设计和实施中学卫生健康教育课程和相关社团活动,对创新新时代卫生健康教育的实践方式和育人方式有积极意义。

该课程的总目标:"教育的真义是引发而不是模造",希望结合我校"引发教育"办学理念,经多学科艺术特色融合的创新性校园卫生健康教育课程体系,引导学生能够珍爱生命、健康生活、乐观向上、健全人格。

具体目标:据统计,我在校学生目前近视比例为87％,希望通过艺术融合的卫特色健康教育,争取降低我校近视学生的3个百分点,引导学生自觉养成爱眼、护眼、学会合理用眼的好习惯。据统计,我在校学生目前肥胖率为39％,希望通过与体育融合的卫生健康教育,争取降低我校青少年肥胖比例,学生进一步了解平衡膳食、合理营养意义,养成科学、营养的饮食习惯,了解健康行为与生活方式的关系,建立文明、健康的生活方式。随着学业压力加大和家庭关系日益紧张,越来越多青少年出现"心理病"。希望通过艺术和体育相融合的卫健教育,疗愈更多问题学生,让学生敞开心扉,了解不良情绪对健康的影响,掌握环节压力调控情绪的基本方法,学会正确处理人际关系,培养有效的交流能力,真正做到身心健全发展。学生进一步了解青春期保健知识,掌握青春期卫生保健知识和青春期常见生理问题的预防和处理方法。认识婚前性行为对身心健康的危害,树立健康文明的性观念和性道德。进一步了解常见传染病预防知识,增强卫生防病能力。安全应急与避险;学会应急自救互救的基本技能,提高应对突发事件的防范和处理能力,提高网络安全防范意识。进一步了解中国传统中医文化、艺术、体育运动、情绪、对健康的影响,通过艺术体育卫生等多学科融合,引导学生推己及人,达己达人,提高中学生身心素质,树立民族自信。

5. 开展生涯规划艺术之旅

开展生涯教育是现代学校教育发展的必然要求。多年来,立达中学在实施生涯教育——导师制方面,通过不断尝试和探索,积累了一定的经验。但在生涯教育的内容、层次、形式等方面缺乏整体规划和系统构架。开展生涯教育,有助于协助学生找到自己的艺术专业特长的发展方向;消除部分家长、学生因受传统观念影响,对艺术类专业误解;校内外丰富的生涯教育资源得以系统有机地整合。因此,全面、系统、科学的生涯教育,能帮助学生增强自我认识、自我选择和自我规划的意识,并将其转化为专业选择、决定和行动的力量。

作为一名高中艺术生,首先要了解艺考的变化和要求,其次是认真分析自己的实际情况,明确自己的兴趣爱好和特长,最后根据自己的兴趣爱好选择选考科目。这样的选择能让艺术生对文化课保持最大的热情,避免因学习艺术技能而忽视文化课的提升。生涯导师给予艺术生积极的指导和建议,邀请专业人士帮助学生进行分析判断,做好自己的专业生涯规划,适当做出灵活的调整,最终选出既符合自己的兴趣特长又满足高校专业需求的选考科目。

第 七 章

「引发教育」的管理变革

立达先贤倡导无为而治的教育管理，除了育人之外别无目的。基于「引发教育」的管理的根本目标是人的思想，立达中学尊重师生天性，重视人文精神，创建民主、平等、和谐的人文关系，用共同愿景与一致思想来引领学校发展，发挥个人优势，推行自主管理、目标管理、过程管理，实施人性化、规范化、个性化、分布式管理。

管理的问题根本上来说是一个理念问题,其承载的主导价值取向决定着管理的方向。"引发教育"管理是在引发教育办学哲学思想基础上聚焦于学校教育管理的具体体现。"引发教育"管理的目的在于通过疏通与引导,这样能够促进教育工作者进行自我管理,从他律走向自律,从外治走向自治,创造民主和谐的学校氛围。在立达学园历史文化遗产的基础上,"引发教育"管理主要是建基于人性化管理、个性化管理、目标管理,是分布式领导思想在现代学校管理中的一种具体体现。

一、建立于肯定和尊重天性基础上

立达中学在创建初期,就公开宣布:"教育的职责并不在顺应社会,而在改进社会;应不在造就社会的顺民,而在造就社会的合理反抗者。所以他们主张教育应以伟大的理想为指针,不要敷衍现实,迁就现实,教育者应造就的人才是具有理想,以热心毅力去实现它,而不是为现实奴隶的人才。"[①]立达把改造社会列为办学宗旨,写入招生简章。

在创建立达学园之际,创建者对当时教育衰落的现状给予了剖析,指出那时的教育分为乡愿式教育、商业式教育、强奸式教育。其背后分别是恶绅,伪善者;学贾,高等流氓;军阀,著名土匪。[②] 正是面临教育之虚伪与恶化,立达学园创办者的思想更显其真精神和真面目,更能发人深省。

立达学园的组织结构特征有鲜明的特征。创建者承认在任何社会中,事业都有分工,但不能因为分工就有高低强弱之别,这不合理。学校的组织规定:(1)导师,负责指导学生全部生活及发展本校的责任;(2)教师,负训导教授的责任;(3)职员,负责规

---

① 章乃焕. 中国教育史的光辉篇章——试论立达学园教育改革实验的思想与精神实质[A]. 匡互生和立达学园:教育思想教育实践研究[C]. 北京:北京师范大学出版社,1993:51.

② 匡互生、朱光潜. 立达学园旨趣[A]. 匡互生和立达学园:教育思想教育实践研究[C]. 北京:北京师范大学出版社,1993:107.

定某一部分事务；（4）学生。① 这种规定有几个特点：第一没有校长；第二分导师和教师两部分；第三明确规定学生为组织学校的一部分，他们和导师、教师、职员地位同等。

其中，提及要"革校长的命"。意思是说，一个人很不容易将"我见"淡薄了去，所以若得到特殊的地位，更易不知不觉地流于专制；"校长大人"的威严在当时真是司空见惯。所以，他们认为，这种制度的好处不是它独有的，但坏处倒是少见。立达是由同志的人创设的，后由立达学会托管。立达导师责任完全相同，为便利，推荐一人对外，但其他导师也可以对外。导师会主任、教务、训导、事务三部主任不过多做点机械的事，一切责任都由导师教师合组的会议负责。所以，立达没有校长，由立达学会推选导师，再由导师数人组成导师会管理学校行政事务。导师不但知道学生全部生活，还要把自己的全部生活、精力投入到学校中去，这是立达的理想；立达将没有教师，而全由导师负责教育。关于校规，立达没有迫使学生遵守的校规。

学校不能根据法令而组织，因为学校与政府、商店、工厂不同。后面几种组织都是先产生组织法而后有行法的人。虽然他们都是靠人来办事，但他们是治人的，在政府是权力，在商店、工厂是财力。学校是培养人格的。人格的养成，在乎自觉自动，而要使学生自觉自动，教员必须先自觉自动。

立达的创始者，深信教育应以发展个性为主要职责，而要发展个性，自由是必要的条件。个性卓著的人，只有在自由的空气中，才能发荣滋长的。因此，立达的组织，完全根据个人的自由意志；而教授、训育各方面，也以培养自由的精神为方针。他们只注重学生的自觉、自动、自治，以立自由为基础，从立达学园的行政组织、规则上也可以看出它努力实践自由教育、重视人格感化。

立达学园倡导民主办校。立达农教科，设有工学会，以学生为主题，包括部分教师、工友代表，组成权力机构，由学生分掌总务、学习、生产、生活、文娱和农村服务等工作。真正做到了民主办学，大大发挥了学生参与学校管理的积极性。

可见，"引发教育"的根本在"人"身上，管理只是为了让"人"更好地发展而提供服务、疏通与引导。以人为本的"人"包括所有师生及教育工作者，"人"都是具有独立人格的完整的人，是带着人的全部内容展现在学校这一空间的"人"。因此，学校教育管

---

① 匡互生. 立达、立达学会、立达季刊、立达中学、立达学园[A]. 匡互生和立达学园[C]. 北京：北京师范大学校史资料室，1985：25.

理必须彰显对教师和学生的"人"的价值的关怀,最大限度地满足人的种种合理需要,充分尊重人的价值和尊严。尊重师生的人格、尊严和自由,调动教师和学生的主动性、积极性、创造性,强化师生在管理中的主体地位和参与意识,创造民主、自由、平等、有效的育人环境,关注师生人生成长和幸福。激励广大教职员工互动参与,积极管理,达到"无为而治""不治自律"的"没有管理的管理"的效果。归根结底,"引发教育"的管理根本在"人",而不是物。

近些年来,学校传承先辈思想,坚持管理的根本在"人",开展了系列的"引发教育"人性化管理实践探索。提及管理,人们往往联想到的是职务和权力,以及由此为群体带来的控制与管制。不可否认,现存的学校教育管理中,在办学目标和办学方向上,有脱离了教育的本质目的,发生扭曲,产生异化的现象存在,人们在日常管理事务中,有时候会逐渐失落和丢弃它最主要和最核心的主体——人。"引发教育"管理倡导人本管理,人本管理的核心聚焦于以人性为管理的逻辑原点,从人性需求出发、引导人的本性发展,把对于师生人性需要的关照落实到各个方面。

学校教育管理必须要在特定人性假设基础上进行管理,才能够针对性地解决人性形成的各种问题。[①]"引发教育"管理作为一种人性化管理的体现,学校管理文化建立于肯定和尊重天性的基础上,并形成了落实学校教育管理人性化的各种措施。

学校文化尊重师生天性,注重以发展性为目的面临实践中的问题。由此,教育管理的文化从监督走向帮助,管理者身份从位置与角色符号走向了轻松和谐的氛围创设者与引导者,避免了不必要的心理压力。在学校管理活动中,注重教师和学生的主体参与性,附近师生关系的和谐共生。

学校重视人文精神教育,创设以人为本的育人环境。立达中学,目前把学校发展路径定位为"引发艺术教育特色高中",把特色培育定位为以"国家课程和校本特色课程"为载体,培养学生"个性自然发荣滋长"。艺术对于学校环境带来的影响是全方面、多维度的,也为创设宽松的学校教育环境,使人的兴趣、性格、能力等各方面得到较好发展,创新性、独特性得以加强,潜移默化地接受人文精神的熏陶,对增显立达人自我教育意识,大有裨益。

"引发教育"认为,教育乃是教师以其全部的存在影响学生的各个方面发展的

---

① 许菊方.《人性假设》理论对学校管理的启示[J]. 教育研究与评论(中学教育教学),2014,(3):24-29.

事宜,所以教师是怎样一个人,教师怎样做事情,教师的知识以及对教育教学的兴趣态度,都是一种潜移默化地引导学生发展的影响力。在教育教学过程中,尊重师生双方的主体性和自尊心,以个性带动个性,以爱点燃爱,尊重学生的参与热情,主张师生间坦诚相待,热情关怀,构建全面的新型的师生关系及班级文化样态。

二、规范化管理使学校井然有序

"引发教育"管理是学校实施"引发教育"的主要途径,"引发教育"管理需要对人性加以约束,但其最终还是为了促进人与发展人。制约师生行为不是管理的主要任务,发展人性才是教育管理的重要任务。

学校按照教育局依法治校的工作规划,依据现行法律体系和教育制度,制订了《立达中学办学章程》,经松江区教育局审核批准后,作为依法治校的总纲开展学校管理工作。

党总支发挥政治核心作用,坚持重大问题集体讨论,民主决策。认真执行《立达中学贯彻落实"三重一大"制度的实施意见》,完善了"立达中学重大事项议事规则",积极参与学校特色高中创建、引发教学探究实践、绩效分配等重大问题的决策。深化党务、校务公开,凡涉及重大项目、干部聘用、评先评优、教学奖惩等涉及教职工利益的重大事项,及时在党务、校务公开栏、校园网内予以公示,自觉接受群众监督。

在校务管理中,学校坚持健全规范化管理制度,以进一步端正学校的教育思想为重点,以实现依法治校、依法治教的目的,使学校各项工作程序化、规范化。同时,依据国家法律政策和教育法规,不断调整和修订各项规章制度,更好地依法管理教育教学事务和发展学校教育事业。面向领导干部,制订了《立达中学"三重一大"制度》《立达中学廉政建设风险预警机制》等制度;面向党员同志,制定了《立达中学共产党员基本要求》《青年后备干部培养条例》《党员干部廉政勤政制度》等制度;面向教职员工,制定了《立达中学师德师风十不规范》《立达中学"一提五必"精细化管理制度》《立达中学教学常规》《学校考勤管理制度》《班主任工作考核细则》等制度;面向工会会员,制订《立达中学工会组织活动制度》《立达中学教职工探访、补助制度》《立达中学教职工代表大会制度》等;面向全体学生,制订了《立达中学学生考勤制度》《立达中学学生进出校园管理规定》《立达中学学生课堂及课间管理规定》等。

为了更好地推动制度建设和行政管理,学校在思想意识领域以《立达中学教职员工德育常规职责》为准则,修补增订加强师德师风建设的工作方案和条例;在教育教学环节以《立达中学德育工作制度》为首要,政教处和教导处分门别类地制订了系列激励制度和管理制度;在后勤总务方面以《立达中学财产管理制度》为基础,通过健全岗位职责、工作制度做好内控工作;在安全管理方面以《学生安全制度》为纲要,系统地建立健全校内校外、活动保障、预案演练等相应的制度,明确一岗双责,做好隐患排查。

为确保各项管理制度的执行得到落实,学校进一步明确、固化了岗位职责,并且层层签定责任书,做到有法可依、有章可循、有据可查,分工明确、责任到人、措施到位,各部门运作井然有序,各环节管理有条不紊。

规范化管理制度,还体现在立达中学以人性发展作为教育管理目标,基于人性发展制定目标和在制定规范中注重弹性。

首先,立达中学使人性发展成为教育管理目标的重要组成。学校形成了教育活动有序化、学生行为有章程等多个管理目标。如在管理上提出"一提五必"的管理模式。"一提五必"管理就是落实管理责任和要求,将管理责任和要求具体化、明确化,它要求每一个管理者都要到位、尽职,每一名教师工作都认真、用心;每一项活动第一次就把工作做到位,工作要日清日结,每天都要对当天的情况进行检查,发现问题及时纠正,及时处理,并能理性反思等等。这种管理模式的具体操作流程:教学中布置的任何一项工作,都必须提出明确的要求(如方案、计划、安排等),在执行的过程中,必检查,必肯定,必纠正,必反馈,必反思。

其次,基于人性发展制定管理目标。以人为本的"引发教育"管理尊重人、发展人,学校发展建基于教师与学生的发展,最终还是为了人性发展。在制度建设上,加强"情感管理"和思想政治工作的制度,通过定期的情感沟通、政治学习、思想交流,广泛联系群众,缩短领导和群众的心理距离,密切干群关系。在学校管理运行机制上,实行操作性强的、人性化的"严"制度、"软"管理,严宽结合,情理相济,注重工作效果,以教师学生为本,从而形成一种融洽、和谐、宽松、民主的学习环境和育人环境。

最后,"引发教育"管理在规范中注重弹性管理。学校管理制度规范要给师生一定程度的自由调整空间,注重原则性与灵活性的统一。弹性管理强调人的主体性和能动性,让教育管理中的所有参与人都要具有积极的心态实现自我管理,自我调整,自我选择,自我适应,从而达到由外在到内在,由静态到动态的管理形态。富有弹性的学校管理制度体现了对人的尊重,也能够真正实现引发与促进主体性意识的实现,缓解和避免一些容易出现的矛盾。

三、追求"无为而治"的管理

匡互生先生在《立达、立达学会、立达季刊、立达中学、立达学园》一文中指出:"教育的真义是'引发'而不是'模造',教育者的责任,是要使被教育者在能够自由发展的环境中,为之去害虫,灌肥料,滋雨露,使他们能够就他的个性自然发荣滋长。教育者决不能制好一个模型,叫被教育者都铸入那个模型中的。"①

当时,同为创办重要成员的丰子恺先生同样批判教育模式化的危害。他以教育漫画的方式批判一个模子里做教育的旧习,他指责教育中制定一套优秀的标准,老师们就像糕点师傅一样,努力把每个孩子往"优秀"的模版里套,这样才是"完美的作品"的做法。丰子恺先生用风趣幽默的漫画生动刻画了不合适的教育对孩子们的影响,反讽了模式化教育、机械的教师与不以儿童为出发点的教育现实,揭露一直延续至今的教育痛点问题,发人深省(见图7-1至图7-7)。

立达在创办时尤其强调教育应该"使被教育者在能够自由发展的环境中个性发荣滋长"。与此相匹配的学校管理也应该不拘一格,考虑学生的个性差异,因人制宜。

"引发教育"管理是实施个性化教育基础上的个性化管理。立达中学是一所有着近百年发展历史的老校。老校有着浓厚传统,这样的传统既有着厚重的文化积淀,又有着丰富的经历积累,以至于办学过程中过多地依赖这样的经验,同时还需要回答与面临新时代的挑战。个性化教育是优质教育的发展方向,是对教育本义的坚守,是立达中学"让学生个性自然发荣滋长"办学理念的具体体现。

---

① 匡互生. 立达、立达学会、立达季刊、立达中学、立达学园[A]. 匡互生和立达学园[C]. 北京:北京师范大学校史资料室,1985:19-31.

图 7-1、7-2、7-3　丰子恺教育漫画《教育》《教师之梦》《某种教师》

图 7-4、7-5、7-6、7-7　《我们设身处地想象孩子们的生活》一、二、三、四

1. 追求"无为而治"

立达中学率先权力下放,使各个职能部门有足够的自主权,以实现"无为而治"。管理的第一个层面是学校领导力量的科学构建。传统意义上的学校工作布置通常是校长室决策下的教师会议布置,这样的模式往往囿于校长一人或少数几个人,容易出现顾此失彼、疲于忙碌的弊端,学校中层领导、年级组长形同虚设,人浮于事。为此,我们寻求最大限度地激发人的主动性和责任感的组织策略,构建了校级领导、部门领导、组部领导三位一体的管理网络,明确校级领导、部门领导、组部领导一周例会工作决策任务,部门领导、组部领导逐日检查落实任务,三级管理全体领导月报交流任务,全面推行部门岗位责任制和组部工作责任制,充分给予学科主任、组部主任高度的自主管理权,完全实现了任务自主完成、活动自主组织、矛盾自主消化、问题自主解决的民主和集中高度统一的主体性管理。

2. 做到因人施责，人尽其能

因人施责，就是要给予不一样的人不一样的工作责任和要求，发挥"人尽其能"的最佳用人功能。校长不仅要了解学校每一个人的不足之处，更要熟悉他们各自的专业才能和特长。学校前几年建章立制，严格管理，各级管理者已经磨砺出"勤勤恳恳、踏踏实实"的敬业精神和可贵品质。我们认为这还不够，应更进一步地把这样一个集体的创造力充分激发出来，做到人尽其才，不断地突破与超越自我的成长与格局，实现自我成就。学校根据岗位的职责和个人的特长。调整工作分配，使用人与做事更科学有效。一大批德才兼备的工作人员被补充到尽能、尽才的岗位上，学校工作效能运转呈现良好的态势。我们给一类人以思想，放手让他们创造性地开展工作；给一类人以任务，鼓励他们保质保量地完成各项工作；给一类人以约束，督促他们规范自己、完善自我。我们创造性地提出：围绕学校工作总目标，在探索的过程中有挫折，我们帮助你；在操作的过程中有失误，我们谅解你；在修炼的过程中有回潮，我们宽容你。这样使得学校工作人文先于命令，自主在于合作。事业成于主动。人人在"个性化"的发展中形成个性，在"自主式"的管理中成就事业。

3. 放手让学生参与管理

在立达学园创办初期，学生就被赋予了与教师一样的学校参与权。立达学园不设校长，由教师、工友、学生各选出代表若干人，组成校务委员会，匡互生先生任主任。校务委员会采取民主组织方式，让学生能够充分参与，树立主人翁思想。学校也能时刻关怀每个成员的生活与工作。农村教育科除少数几位教师外，没有职员，所有日常工作全由委员会中的各组分别办理。这些组的负责人，全由学生担任，教师只起"参谋"的作用。可以说，"从为学生办学"转变到"让学生自己管理学校，办好学校"，真正做到学生是学校的主人，而教师、工友都是为了使学生学习好而服务。① 近些年来的"引发教育"管理中，我们也尽可能坚持让学生参与学校事务管理之中，成立了"学生自主管理联合会"，充分发挥学生自治与学生参与能力的组织建设与培养培育，实现让学生自己的事情自己办的责任担当与自立互助，发挥了学生管理的积极性，一定意义上促进了民主办学。

---

① 金言. 我对匡互生先生的教育思想与教育实践的一点认识——纪念匡互生先生逝世五十周年[A]. 匡互生和立达学园[C]. 北京：北京师范大学校史资料室，1985：192-195.

四、实现目标需要过程管理

杜威认为教育无除了它自身之外的其它目的。与此论相一致,立达先贤们也认为学校管理的最好境界是"无管理的管理"。为实现纯粹的理想中的教育,先贤们的"目标"就是人——为了实现人的发展、每个具体的人的发展,其他皆是"术"。学校在管理过程中,尤其倡导"人格感化",从而实现自然感发、自觉、自律、自强的结果。

立达中学的重要创建者匡互生先生就是信奉"感化主义"的人,他身体力行,不但教学上从不责备学生,总是循循善诱,生活中也如此。匡先生去世后,有人回忆道:"到了初冬,天气渐冷,有一些学生赖在被窝里不起床,有的等早操铃打了还不起床,先生就一个一个去叫起来。后来先生像外婆般好说话,就习以为常,即使来叫也没什么动作了。有一次我看到一间寝室里的人连房门都不肯开,先生轻轻地敲着门,耐心地等候着,后来听到从里面传出怨骂声来了,我见先生竟流着泪哭了。但他还是信奉着、坚持着感化主义教育。"①

先贤们言教身教、以身作则、人格感化、民主办校的思想成为了立达中学最为难得的珍宝。他们的管理目标是什么? 毫无疑问,是"人"。所有的管理都是为了实现教育本身的目的——人的发展服务的,除此,无他。也正基于此,他们认为所谓的目标化就是"教育的本义——引发"本身。

匡互生认为教育的真义是"引发"。教育者的责任,是在使被教育者在自由发展的环境中,能够就其个性自然发荣滋长。他强调:人类生而平等,人人都有享受教育的权利,都应该有机会尽量发展天赋的资能。"引发教育"倡导教师在启发、引导、帮促、支持、激励学生的过程中,要民主、科学,以民主的方式开发学生潜能,发展学生个性,让学生自主发展。

目标化过程管理是在"引发教育"的要求和学校科学化管理实践基础上提出来的。它虽然有方法论需要,但重要的是教育实践的需要,这是因为有的管理方法主要是单纯地以老师讲学生听,管卡压、恐吓罚等违背教育规律的手段和方法管理学生,这遏制

---

① 徐伯翹. 匡互生先生在春晖中学的片段[A]. 匡互生和立达学园[C]. 北京:北京师范大学校史资料室, 1985:160.

学生的潜能和个性的发展,这与"引发教育"是相悖的。

目标化、过程化管理是指在学校管理过程中,提出"引发教育"所要求的切实可行的发展目标,并有计划、有组织地在管理的过程中以目标去激励,以情感去催化,以榜样去感染,以活动去充实,以环境去影响,以纪律去约束学生的行为,全方位、多角度实施过程管理。简单地说,二十八个字:目标激励、过程控制、情感催化、榜样感染、活动充实、环境影响、纪律约束。

美国教育家布卢姆(B. S. BLOM,1913—1999)在《教育目标分类》中强调了目标管理,指出明确的奋斗目标能将人的需要变成动机,从而推动人的行动,它对行为具有引发的作用,导向的作用,激励的作用,凝聚的作用,明确班级的奋斗目标是班集体形成的基本条件,有了明确的奋斗目标,就有前进的方向。布鲁纳(J. S. Brandr,1915—2016)在《教育过程》一书中强调了过程管理,指出教育管理要实施过程管理,杜绝结果管理。是指在管理中要控制行为规范,研究行为规范的内化过程并系列化地按步实施,也就是科学地把目标激励管理、过程控制管理、情感催化管理、榜样感染管理、活动充实管理、环境影响管理、纪律约束管理,根据学教育规律、教学规律、学生发展规律,合理优化组合,找到适合学校发展的管理方法。

杜威(John Dewey,1859—1952)在《民主与教育》一书中提出活动管理。教育心理学指出:人的个性的形成只有在必要的生活和活动的条件下才能出现活动管理,就是学校利用各种活动对学生施加影响,使学生朝着教育者所期望的方向发展。

立达中学以传统管理方法为基础,保留优点,抛弃糟粕;以"引发教育"的德育原则为目标,借鉴巴班斯基教学过程最优化的理论和有关现代教育理论,结合教育实践,取全国各地先进经验,构建"过程"管理模式。

目标化过程管理的是借助于过程管理,以实现自觉内化的自我管理为最终目标。首先,管理过程中确定目标,对情感管理、榜样管理、活动管理、环境管理、纪律管理进行优化、组合。如以目标化过程班级管理为例(见图7-8),班级管理目标是以让班级充满活力,学生好学上进,班干部得力,舆论良好,活动有序。设计班级奋斗目标具体的方法:(1)班主任深入班级,通过开座谈会,个别谈话等方法全面了解班级情况;(2)根据了解的情况和学校、上级教育行政部门的要求,提出班级集体目标的总设想;(3)在发动学生讨论并重征求科任教师意见的基础上确定班级的目标;(4)根据班级总目标的要求,制定团队组织目标、小组目标和个人奋斗目标。

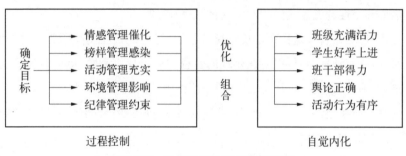

图 7 - 8 目标化过程化管理框架图

在具体实施过程中,我们实施情感管理、榜样管理、活动管理、环境管理和纪律管理。

在情感管理方面,我国儒家代表人物孔子的"忠恕之道"强调情感在管理中的作用。学校教育是有池之水,这水是从心底流出的情之流、爱之水。具体的做法为:以尊重学生的人格,平等对待学生、热爱学生为基础,同时看到学生是处在半成熟的个体,对他们要进行正确指导,严格要求,师生之间是平等的关系。在这种情境下师生之间的思想容易交流,情感容易沟通,人格相互碰撞,教师的要求容易转化成学生的需要。

在榜样管理方面,榜样的力量是无穷的。在榜样者的身上,集中典型地反映着社会先进思想、道德与法纪的关系。所以榜样具有很强的说服力和号召力。因此,班主任利用模范,典型人物的优良思想、感情思想,对学生施加影响达到教育目的的教育方法。它是形成正确班级舆论的强有力手段;它符合青少年善于模仿、崇拜英雄、追求上进的年龄特点,符合学生由生动直观到抽象思维的认识规律,也遵循正面说理引导德育原则。在实施此管理方法中确定典型人物可以从以下四个方面入手。(1)教师的表率作用。学生具有向师性的特点,教师的言论、行为、为人处世态度,对学生具有耳濡目染、潜移默化的作用。(2)英雄人物、模范人物。他们的形象高大,能影响学生形成良好的行为。(3)周围学生的先进事迹。它具有就近性、可信性,能产生正迁移的作用。(4)寻找学生自身(也就是受教育对象自身)的闪光点。

在班级管理中,活动管理的作用体现在以下几方面:(1)课内外活动是完成班级教育任务的有效途径。它有助于实现班级的目标,形成正确的集体舆论和良好的班风,有助于选拔和培养学生干部,形成班级坚强的领导核心;(2)课内外活动是促进学生全面发展,培养合格加特长人才的必要途径;(3)课内外活动适应当代科技发展和时代进步的要求,激发学生求知欲,增强学生的使命感。

具体实施办法:(1)成立学科学习小组,月刊、板报小组;(2)上好主题班会课、团会课;(3)组织参加学校各种活动;(4)组织学生参加季节性节日活动。

在环境管理方面,教育学指出影响人发展的三个主要因素是遗传、教育和环境,环境对人的发展有重要的影响,利用环境进行潜移默化的熏陶和感染,使受教育者受到感化的管理方法。班级是学校组织开展各种教育、教学活动的基层单位,是学生获得社会属性与发展个性的主要环境。学生掌握知识,形成品德,习得社会行为动机与适应能力,无不与他所处的环境有关。同样的教育内容与目标,同样的教育程序与结构,同样的教育手段与方法,在不同的班级、不同的教育群体中,得到的效果确是悬殊的。因此,班主任要深刻认识到环境管理的作用,营造适应学生良好发展的环境。

在纪律管理方面,以纪律去约束学生的行为,从而达到管理班级的目的,这是最常规的方法。它的根据是德育教育的原则、说理疏导与纪律约束的原则,是指在德育工作中必须坚持正面教育,以说服教育为主,积极疏导启发,同时辅之以纪律约束,引导学生的思想品德向正确健康的方向转化。以纪律进行约束,就要健全班级的管理制度,它包括两个层面:一是学校、国家的有关规章制度,这是班级纪律要求的重要内容;二是保证学校规章制度的贯彻,结合本班学生的实际制定的班级条例,它具体又便于操作。班级制度和纪律主要有一日常规,课堂常规,作业常规,值日生常规,中学生行为规范,中学生守则,干部职责,等等。从而达到事事有规范,规范做事情。

我校创造了"一提五必"的目标化管理经验。"一提"是指布置落实每项工作,通过方案、计划、会议、口头要求等形式,一定要简单扼要,让落实者明确要做什么,落实什么,怎么去做。"五必"是在此基础上,必须巡视检查,发现问题必须指导、引导、指正、纠正,发现亮点必须肯定、表扬、鼓励;检查情况必须反馈给当事人与条线领导,上下贯通,第一时间了解落实情况;对于检查落实的结果必须总结运用,纳入绩效管理与学校激励机制(重大影响的罚,做出贡献的精神与物质鼓励),多劳多得,优劳优酬,激励再接再厉。

"一提五必"管理就是落实管理责任和要求,将管理责任和要求具体化、明确化,它要求每一个管理者都要到位、尽职,每一名教师工作认真、用心;每一项活动第一次就把工作做到位,工作要日清日结,每天都要对当天的情况进行检查,发现问题及时纠正,及时处理,并能理性反思等等。这种管理模式的具体操作流程是:在管理过程中布置任何一项工作,都必须提出明确的要求(如方案、计划、安排等),在执行过程中,必检查、必肯定、必纠正、必反馈、必反思。

以立达中学"一提五必"教学管理为例:

1. "一提"是教学管理的基础

凡是学校的教学活动都必须提出明确要求,写出实施的方案或做出具体的安排,形成文本。因为学校教学管理中多数是常规的事情,每件事在实施前要求越明确越具体,越有利于操作。这里的"要求"特指计划、方案、安排、规定等。所以抓好计划的制定,是"一提五必"的首要任务。目的是精心组织安排教学活动,使教师知道做什么,做到什么程度,什么时候完成,不要让老师云里雾里,没有方向。本学年教导处重新制定的各种"要求"有二十七个文本,近七万字。我们举一个例子来说明,如对备课活动所提的要求。

备课组活动要求做到"四定、五必须、六备"。"四定":定人、时间、地点、内容。"五必须"包括主备教师必须在集体备课后形成电子文本预案(毕业班除外);教师必须对集体备课的预案进行补改才能上课;上课后必须对亮点和不足进行反思。"六备":必须备学情、目标、重难点、教法、学法、教学设计。在具体实施方案中,对"四定、五必须、六备"需进行再详实的界定。

2. "必检查"是教学工作的重要环节

在"一提五必"教学管理模式中,教学工作检查是教学管理的重要环节,是质量监控的一个重要方面,是提高教学质量的重要保证。因为只有在检查的过程中,才能发现问题,发现计划的不足,发现管理的疏漏,发现长处并给予肯定。我们在教学管理实践中,对教导处教学检查的内容和方法进行了界定。

常规检查内容:是否按教学计划进度开课;拓展型、研究型(探究型)是否按要求开设;实验室、实验仪器及材料、教材、运动器材等的开课准备情况;课堂教学日志记载;教师教案;教师学生执行教学纪律情况;教研活动开展情况;教师业务学习培训情况;教学改革情况;教师课堂教学质量情况;教师布置批改作业及课后辅导情况;教学档案管理情况;考试管理情况;教学质量监控、考试质量分析情况;学籍管理情况;检查教学质量评估工作情况;学期教学工作总结;开学前后,协调各有关部门检查教学场所各项设施,督促做好维修工作;学籍管理情况;教学研究和教学改革。

教导处重点和专项检查内容：学风建设,备课组活动,毕业班教学质量保证与监控,课堂教学常规,教师教学质量评估,二期课改在课堂实施,教学数据库的建设。

教学检查的方法：常规检查分为期初检查、期中检查、期末检查,适当安排重点和专项检查或随机抽查;检查工作有校行政检查,教导处检查,教研组检查,教师自查。检查应落实到实处,方法灵活多样,可采取听汇报、座谈、听课、问卷、测试、查看书面材料等方法进行。教导制定了具体的可操作检查表。

检查工作总结：每次教学检查都应以各项工作目标为依据,做到有目的、有记载,对检查结果有分析、必反馈、有反思。每学期第一周书面汇报开学检查情况;每学期第十二周书面汇报其间检查情况及改进工作的措施;学期末书面汇报整个学期教学检查情况及改进工作措施落实情况;由主管校长主持教学工作会议,专题研究、分析整个学期教学检查情况,研究改进教学工作的措施。

3. "必肯定"是教学管理的重要手段

在现代教学管理中,肯定已经成为教学管理的有效手段中不可缺少的一部分,也是人文关怀管理一项重要的内容。要想管理好一所学校,提高学校知名度和教学质量,就必须对教师的工作用适当方式进行充分肯定,对教师工作的肯定就是激发教师的内在潜力,开发教师的潜在能力,调动教师的积极性和创造性,每个教师都需要得到来自同事、组内、学校方面的肯定,学校为了实现既定目标,充分认识肯定的重要作用,在实施管理中运用好必肯定管理方法至关重要。

口头、书面表扬。教师总是期望自己的劳动能得到社会的承认和同行的认可,能得到领导的肯定和赞扬。因此,学校在教学管理过程中,在检查的过程中,发现好的做法、成功的经验,及时给予充分肯定。具体的做法是口头当面或间接表扬,书面肯定是根据教师精神需要优先发展的特点,通过设立教学进步奖、教育科研奖、优秀论文奖以及对教师的教学综合表现进行发展性的书面评价等,激励教师上进心,强化教师积极动机,防止积极动机的减弱或消退。物质奖励,根据人的价值理论,人除了满足社会的需要,对社会做出贡献外,还有索取的需要。贡献是付出,索取是获得。尽管教师在人生价值取向上贡献大于索取,但学校应对教师承担责任,尽力满足教师的需要,其中包括物质需要。我们对有杰出贡献的教师实行重奖,可在提薪、发奖金等问题上优先考虑。奖励激励要做到两点：第一,坚持物质奖励和精神奖励相结合,做到精神奖励为主,物质奖励为辅;第二,讲究奖励的效价。

4. "必纠正"是提高教学管理质量的保证

对教学检查中发现的问题,教学管理者要及时纠正,从而改进教学工作,提高教学管理的质量和水平。这里的纠正与批评、否定、惩罚有质的区别,我们这里所说的纠正是对教学活动过程中发现的问题予以纠正,也就是说从人文教学管理出发的。而心理学中对某种行为给予否定和惩罚,使之减弱称之为负强化;把对某种行为不予理睬,以表示对该行为的轻视或某种程度的否定,称之为取消正强化。这两种做法我们是摒弃的,它与纠正有本质的区别。必纠正是教学管理过程中必不可少的一个环节,教学质量监控体系中的纠正有利于正强化教学行为,有利于对教学进行修补。"一提五必"教学管理在实施的过程中纠正工作内容多,涉及面广,纠正的渠道和方式方法也是很多的。我们在实践中借鉴的具体方法有:(1)围绕教学任务,把纠正渗透教学的各个环节中去。(2)教学管理要强化服务意识,注意纠正时间,地点和对象。(3)深入调查研究,摸准教师思想脉搏,纠正时要有针对性。(4)把握教师心里规律,用真情感动人心,让教师体会到管理者的纠正是真正帮助教师专业成长。(5)教学管理者以身作则,教导主任率先垂范,在纠正有导向的作用。(6)开展多样的教学活动,寓纠正于乐之中。

5. "必反馈"是教学管理能力执行力的一个重要表现

为增强教学管理执行能力,把教学各个环节中情况,基层部门存在的问题,及时反馈给管理部门和被管理对象,有利于及时纠正与修补问题。

反馈方法:定期召开教学工作的阶段性、专项总结会,教师座谈会,个别教师碰头谈心等,要充分运用检查成果,把了解的情况向有关部门反馈。

反馈内容:(1)各教导处、教研组、备课组教师定期向学校领导提供书面信息(含电子信息)。包括活动情况、教学成绩等。(2)管理部门定期把教学管理过程中检查的情况有针对性地反馈给被检查对象。(3)各组室反馈的信息分为表格反馈和报告反馈两种形式。

反馈周期与评价:根据学校管理工作需要,信息反馈周期分别确定为周、月、期三种类型,要求在信息反馈工作中,各级管理人员要做到"周看、月评、期结"。如学校制定了一级指标5项,二级指标22项的《教师综合发展性评价表》,作为反馈的一个途径。

反馈形式:(1)对学校重大教学活动贯彻落实情况,应在完成1周内形成报告或书面报告。(2)对专题教学工作教师提出的意见和建议,应在两周内向当事人反馈处理的情况。(3)对管理的批评意见,3周内将办理情况和意见及时答复有关人员。

（4）对期末检查的内容,下个学期向全体教师反馈。（5）对教师个人存在的问题,反馈时应该分事、分人、分时间、分地点,用以人为本的方法来处理。

6."必反思"是提高教学管理水平的重要途径

教学管理反思不但要在找缺点、提不足和在如何改进教学管理上下功夫,还要反思教学管理成功之处。首先,教学管理反思是管理者的内在需求,而不是负担。反思的最终目的是为了让我们能够在原来的基础上得到提高,以好的循环过程是螺旋形上升的,而不是原地踏步或回到起点。

教学管理反思的形式与方法包括每一天工作、每一件事情、每一阶段的反思小结,概括自己的实践过程,总结以获得理论的提升;也包括与教师的交谈,在方案、计划等相关内容旁做简要笔记,写教学管理卡片,甚至默省,等等。

五、强调权责分享与共同参与

"引发教育"管理体现了分布式领导的思想。立达中学试图在"引发教育"管理过程中充分调动全体成员的参与,从而最大限度调动起整个组织的潜力。从组织流程角度来看,分布式领导是具有共同任务目标的多个个体相互作用而产生的过程领导;从组织结构的角度来说,分布式领导是由多个个体共同形成的具有分散专业知识的动态网络或团队。因此,立达中学"引发教育"管理作为分布式领导思想的体现,强调权责分享与共同参与、协作。这与立达中学校训,"立己立人,达人达己"的文化思想是一脉相承的。

（一）校长构建共同愿景

在立达学园初建阶段,当时学校并没有形成共同的教育宗旨、旨趣,学校的性质、学校的组织、教员与学生的关系都变了。有人把学校看作商店,有人把学校看作官厅,而要革新学校,就须回到教育就是做人,彼此的关系变为"人"的方面。所以,立达学园的创建先贤批判"中国以前的教育多以势力为宗旨这一种观察"基础上,深刻认识到教育宗旨是受普通社会的习惯的影响,而要革新教育,就要改造习惯的教育宗旨,笃信固守立达的教育宗旨,身体力行。

回溯历史,立足现在,不难发现,当下依旧存在立达学园创建期遇到的问题:很多学校没有教育宗旨,有的学校的教育宗旨受社会的普通习惯影响,势力主义凸显。学校教育宗旨应该回到教育的根本,发扬活的教育。

立达的宗旨是"修养健全人格,实行互助生活,以改造社会,促进文化"。立达中学教师教育信条:我们坚信,人人都有机会尽量发展天赋的资能。我们坚信,学校有特殊的精神,可以造就真正的人才。我们坚信,学校充满家庭的亲爱,极力由敬爱而生人格感化。我们坚信,我们师生都极力求至诚相见,刻苦耐劳,实现教育理想。我们坚信,立达师生时时处处要说立达话、办立达事、做立达人、树立达魂。我们坚信,立达师生通过领略创造的快慰,望见横在我们前面有一个极庄严灿烂的世界。学校发展目标是以创建上海市特色普通高中为工作重点,以创新学校管理模式、深化内部管理改革为工作核心,以加强师资队伍建设为工作抓手,努力提升"引发艺术教育"办学特色,把学校建设成继传统、求创新、创特色,在全市有一定影响力的历史名校。立达中学的培养目标是继承立达以健全人格为核心的"引发教育"思想,以"日新又日新"作为学生精神,以"合作互助"为集体人格,把学生培养成为"学会做人、学会工作、学会生活、学会健体"的立达人。

基于"引发教育"的办学哲学思想,校长不断地在组织中沟通、互动、交流这一先贤留下来的教育理念,并进而凝聚、激发组织成员的创造力和使命感,这成为全体成员共同认同的目标和价值观。学校发展愿景是学校的目标导向,也是组织成员愿意为之努力的方向和动力。基于共同愿景,激发学校组织成员工作的自觉性、主动性与积极性,提高学校"学习共同体"中大家自我约束、自我管理、相互协作以促进共同愿景实现的可能性。

苏霍姆林斯基曾经说过,校长对学校的领导首先是教育思想的领导,其次才是行政的领导。思想的力量大过于刀枪,校长要先用自身的教育理想与教育思想来引领学校与教师的发展,继而实现"引发教育"中育人的根本追求。

在"引发教育"哲学引领下,教育者的责任,是在使被教育者能在自由发展的环境中,能够就其个性自然发荣滋长。传承立达"引发教育"思想,立达以"一盏灯"精神作为教师精神,以"合作互助"为学校集体人格,打造一支师德高尚、业务精湛、结构合理、充满活力的专业化教师队伍。为把思想种植在教育工作者心中,继而成长为每一位个体的内在驱动力,校长要会讲故事,谈哲理,做比较。

讲故事。讲故事是一种简洁而有效地思想引领方式,从一个个真实而生动的故事中潜移默化地教育和改变着我们的老师和学生。讲校长个人的故事,讲学校今天的故事,讲学校昨天的故事,讲学校明天的故事,讲他人的故事。故事的故事,故事的背后,背后的故事,让老师在故事中,在故事后得到感染和引领,一股正气,痴心忠诚干好事业,选择不后悔,追求不停止,干劲不衰减。

谈哲理。不要忽略和弱视哲理故事的魅力和感召力。小故事大道理,与其说透不如说不透,与其说不透不如不说透。一个简短的小哲理故事,蕴含着丰富和伟大的道理在里面。哲理过后,有一种只可意会不可言传的境界和感受。哲理故事对人的影响和感召是最简单、最直接、最深远的,是一种简洁而有效的管理途径和模式。哲理故事过后,一字破天机。这几年我们用过和常用的哲理小故事有办窗报对"一个红色特工"影响,语文老师在教室里面养鱼,历史老师创办空气动力创新实验室和沙画创新实验室,五人铜像的故事,教育之水故事,学生考上上海市示范性高中不去而就读立达中学,等等。

做比较。没有比较就没有鉴别,没有比较就没有优劣,没有比较就没有知足。一句经典的哲理是:幸福和满足不是在乎失去多少,而是在乎得到多少。把自己的今天和昨天比,可歌可泣;把自己的收获和付出比,感恩和满足。常比较就有努力的方向和尺度,常比较就会反省自己的收获和不足,知其错,方知改。发现问题就离改正问题不远了。

(二) 校长发挥影响力协调内外环境

分布式领导的关键不是校长作为领导的权力,而是校长要充分发挥自身的影响力。学校的发展是一种交互调适的结果。校长需要通过与国家、社会、时代、地方、学校、学生、家长等的理解、互动、调适中发展学校,并最终促进学生成人成才的。校长就需要借助于共同的发展愿景,把来自不同背景,具有差别化的学术修养、个性特征、成就与经验、兴趣与爱好等的人凝聚一起,同心同德,形成积极人际互动,带来正向"影响力",相互引领,发展成为"合作、共享"的学校文化。

任何组织的发展都离不开人、财、物的调配,离不开组织内外的沟通与协调。作为"引发教育"管理的分布式领导思想的体现,在立达中学,校长需要运用协同治理的理念,做好内外资源的协调、分配、利用。首先,校长要发挥自我与组织之间的良性互动。以校长带动组织,以组织更好地发挥校长的作用,促进人与组织之间的互生共进。其次,校长作为管理层的领导者,要为学校发展创设稳定、良好的环境,做好人与人、人与职责之间的调配,以及相应的制度与资源支持。最后,为保障资源的合理调配,校长要积极挖掘校外社会资源,协调教育行政部门资源,调配学校内部自有资源,促进各项资源配置的到位与落实;在关系协调上,处理好学校与社会、学校与教育行政部门、学校与家长的关系,协调好教师与学生、教师与教师、教师与校长的关系;同时,校长更应该做好自我协调,妥善处理好角色的自我适应,及时调整角色行为与心理状态。

(三) 建立合作共赢的组织文化

立达中学在"引发教育"管理中力图建立合作共赢的组织文化。立达的宗旨是"修养健全人格,实行互助生活,以改造社会,促进文化"。这种互助生活、促进文化的思想不只停留在培养学生方面,还体现在学校组织文化的方方面面。在学校组织中,作为分布式领导思想的体现,立达中学的教员、教务工作者、学生、校长参与学校事务,都要让成员感受到参与取决于组织的需要,在共同的、明确的愿景下产生凝聚力。需要强调的一点是,即使强调成员广泛参与,仍然需要清晰的结构和绩效责任,才能确保组织各项事务顺利运行。

在传统科层制学校系统中,校长的角色往往与权力、权威相连带。学校内部文化的生命活力、生命周期及远景实现,往往很难通过权威来实现。作为分布式领导思想的体现,"引发教育"管理努力构建和谐的组织氛围以及平等与开放的组织文化,这有助于建构成员之间的良好互动。校长要致力于建立和维持教师合作机制,激发协同合作精神,构建学习型组织。

学习型组织是指通过营造整个组织的学习氛围,充分发挥员工的创造性思维而建立起来的一种高度柔性、扁平的组织。研究表明,学习型组织是一种新型的组织形态,具有多元的组织结构和丰富的组织内容,能够推动组织持续有效发展。通过构建学习型组织或者学习型共同体,组织成员可以实现充分的学习、交流、研究与自我超越式发展,能够提升成员及成员间的专业能力与团体素养,朝着学校共同的发展愿景前进,形成经验共享、彼此支持、共同成长的支持性环境,为学校育人提供强有力的人才支持与文化支持。

"引发教育"管理的理念是一种浸润式、过程式的,它是借助管理最终实现自我管理与立己达人。

后　记

　　上海市松江区立达中学,前身为立达学园,1925 年由匡互生及丰子恺、朱光潜、陶载良、刘熏宇等人创办,因时局动荡,学校辗转迁址多地。2002 年 9 月,学校复名为"立达中学"。2017 年 6 月学校更名为上海市松江区立达中学。

　　我 2005 年来到立达,2009 年始任校长,作为立达中学的传灯人,我常常想,"立达"真的是一所神奇的学校。何以能够坚韧不摧,一再浴火重生。从创办人匡互生等人呕心沥血、众筹办学,到陶载良老校长近半个世纪的坚守,把立达"像十字架"一样扛在肩上不离不弃,再到后来又转制、转型。今天可以说,立达已经是一所令人向往的学校。其中一以贯之的是什么? 这一定是一种对教育梦想的坚守,是一份对教育、对民族、对国家的奋进前行的一种舍我气谁的责任担当,是一团燃之不尽的教育情怀之火。用巴金先生的话说,就是我们的生命要开花。就是说,生命要像花一样,到一定时候它就要开放出来,这个开放就是把生命的能量传播给别人,教授给别人。作为老师,我们的生命开花,就是永远面对年轻人,把自己的思想、人格、品质、学问、技术教授给别人,这个就是生命开花的过程。这或许也是我要把立达这十余年来奋力前行过程中的所思所想、所作所为、所喜所忧,形成记录、整理成书的不竭动力吧。

　　近十余年来,学校经过积极探索和不懈实践,办学质量如芝麻开花节节高。尤其是在特色培育和创建上,先后经历了四次迭代更新,目前正处于上海市特色普通高中全市展示的关键环节与重要阶段。这一路径的选择和成就的取得是百年老校重新焕发青春活力的有一次历史机遇,也是全体立达人面向未来的理性思考与自觉选择。"上海市特色普通高中"是指能主动适应上海城市功能定位、社会和地域经济发展以及学生发展的需求,有惠及全体学生、较为成熟的特色课程体系及实施体系,并以此为基础形成稳定独特办学风格的普通高中学校。普通特色高中的创建与发展,不仅是国家对高中教育提出的新要求与新方向,也是上海这座国际化大都市要努力打破人才培养模式单一和"千校一面"同质化发展的瓶颈,形成普通高中分类发展、百花齐放的目标。这本书不仅翔实地记录了我们全体立达人十余年来的发展轨迹,也尽可能清晰地展现了我们取得的初步成效。这其中所阐述的内容和成绩,一方面离不开立达中学的珍贵教育遗产,以及几任领导的接续前行和奋力拼搏。如我的上任凌卫民老校长,正好处于立达的两次转型时期,为立达的发展殚精竭虑,守住了这份"家产"。同时,还要感谢与我一起并肩奋进的几任书记,何大强、谢红新、邓星、薛红梅。另一方面本书得以成稿,还要特别感谢全体立达人的兢兢业业和冲锋陷阵。尤其是在今天,立达中学走在上海市特色普通高中创建的征途上,全体立达师生对于引发艺术教育形成了共识,大家都有一股热情朝天的干劲儿。学校相信,通过以创促建,学校声誉和办学成绩定将蒸蒸日上。

本书不仅仅是全体立达人集体智慧的结晶,还离不开各级领导和专家的引领、关切、支持和助力。华东师范大学教育部校长培训中心主任代蕊华、副主任王俭等几位导师进行教育指导,上海市教育功臣、原七宝中学校长仇忠海逐章指点!感谢学校全体同伴,我们是命运共同体和利益共同体,感谢杜玉清、尹建华、张子辉等帮忙收集资料、修订文句!正是因为有了以上各位的倾力指导和关心,本书才能出现在读者面前。

立达中学全体同仁,将继续抱着咬定青山不放松,置之死地而后生的精神与韧劲,不断深入推进特色实践,说立达话,办立达事,做立达人,树立达魂。

"品质课程" 阅读书目

学校整体课程规划	978-7-5760-0423-6	48.00	2022 年 1 月
推进育人方式变革的区域教学改进研究	978-7-5760-2314-5	56.00	2021 年 12 月
学校整体课程规划的七个关键	978-7-5760-0424-3	62.00	2021 年 3 月
课堂教学的 30 个微技术	978-7-5760-1043-5	52.00	2020 年 12 月
教学诠释学	978-7-5760-0394-9	42.00	2020 年 9 月
原点教学：提升区域育人质量的策略研究	978-7-5760-0212-6	56.00	2020 年 8 月

品质课程聚焦丛书

自组织课程：语文学科课程群新视角	978-7-5760-1796-0	48.00	2021 年 12 月
数学作为学习共同体：一种新的数学课程观	978-7-5760-1746-5	52.00	2021 年 12 月
学科育人的整体课程范式	978-7-5760-2290-2	46.00	2021 年 12 月
聚焦育人质量的学科课程设计	978-7-5760-2288-9	42.00	2021 年 11 月
活跃的学习图景：学校课程深度实施	978-7-5760-2287-2	48.00	2021 年 11 月
学科文化：英语学科课程新视角	978-7-5760-2289-6	48.00	2021 年 12 月
课程联结：学科课程群设计方法	978-7-5760-2285-8	44.00	2021 年 12 月
数学学科课程决策：专业视角	978-7-5760-2286-5	40.00	2021 年 12 月
特色项目课程：体育特色课程的校本建构	978-7-5760-2316-9	36.00	2021 年 12 月
进阶式探究课程设计：学科整合视角	978-7-5760-2315-2	38.00	2021 年 12 月

学校课程发展精品丛书

学科课程群与全经验学习	978-7-5760-0583-7	48.00	2021 年 1 月
育人目标与课程逻辑	978-7-5760-0640-7	52.00	2021 年 2 月
学科课程与深度学习	978-7-5760-0505-9	52.00	2021 年 2 月
学校课程的文化表情：百花园课程的学科指向与深度实施			
	978-7-5760-0677-3	38.00	2021 年 2 月
学校文化与课程变革	978-7-5760-0544-8	62.00	2021 年 2 月
语文天生重要：语文学科课程群设计	978-7-5760-0655-1	44.00	2021 年 2 月
五育并举的课程体系：致良知课程的旨趣与探索			
	978-7-5760-0692-6	48.00	2021 年 1 月

学科课程与育人质量	978-7-5760-0654-4	48.00	2021 年 1 月
在地文化与课程图谱	978-7-5760-0718-3	46.00	2021 年 2 月
中观课程设计与学科课程发展	978-7-5760-0624-7	36.00	2021 年 1 月
大教学：英语学科核心素养培育的课程模式	978-7-5760-0462-5	46.00	2021 年 1 月

📖 特色学校聚焦丛书

不一样的生命，一样的精彩	978-7-5675-8675-8	34.00	2019 年 3 月
童味正醇：特色学校的文化图谱	978-7-5675-8944-5	39.00	2019 年 8 月
特色普通高中课程建设探索	978-7-5675-9574-3	34.00	2019 年 10 月
儿童是天生的探索者：360° 科学启蒙教育	978-7-5675-9273-5	36.00	2020 年 2 月
做精神灿烂的教师：教师自我成长的 5 个密码	978-7-5760-0367-3	34.00	2020 年 7 月
让教育温暖而芬芳	978-7-5760-0537-0	36.00	2020 年 9 月
快乐教育与内涵生长	978-7-5760-0517-2	46.00	2020 年 12 月
故事教育与儿童发展	978-7-5760-0671-1	39.00	2021 年 1 月
美好教育：学校内涵发展的循证研究	978-7-5760-0866-1	34.00	2021 年 3 月
把美好种进儿童心田	978-7-5760-0535-6	36.00	2021 年 3 月
倾听生命的天籁："天籁教育"的实践与探索	978-7-5760-1433-4	38.00	2021 年 9 月
为了每一个孩子的美好心愿	978-7-5760-1734-2	50.00	2021 年 9 月
向着优秀生长："模范教育"的理念与实践	978-7-5760-1827-1	36.00	2021 年 11 月

📖 跨学科课程丛书

大情境课程：主题设计与创意评价	978-7-5760-0210-2	44.00	2020 年 5 月
社会参与素养的培育模型与干预机制	978-7-5760-0211-9	36.00	2020 年 5 月
大概念课程：幼儿园特色主题活动设计	978-7-5760-0656-8	52.00	2020 年 8 月
项目学习：进入学科的课程智慧	978-7-5760-0578-3	38.00	2021 年 4 月
STEAM 课程的设计与实施	978-7-5760-1747-2	52.00	2021 年 10 月
幼儿个性化运动课程	978-7-5760-1825-7	56.00	2021 年 11 月

📖 核心素养导向的课堂教学丛书

| 漾着诗性智慧的课堂教学 | 978-7-5675-9308-4 | 39.00 | 2019 年 7 月 |

转识成智的课堂教学：核心素养导向的历史教学

| | 978-7-5760-0164-8 | 40.00 | 2020 年 5 月 |

学导式教学：学会学习的教学范式	978-7-5760-0278-2	42.00	2020 年 7 月
高阶思维教学的关键技术	978-7-5760-0526-4	42.00	2021 年 1 月
会呼吸的语文课：有氧语文的旨趣与实践	978-7-5760-1312-2	42.00	2021 年 5 月
高阶思维教学的核心指向	978-7-5760-1518-8	38.00	2021 年 7 月
磁性课堂：劳动技术课就这样上	978-7-5760-1528-7	42.00	2021 年 7 月
核心素养导向的作业设计	978-7-5760-1609-3	40.00	2021 年 8 月
语文，让精神更明亮	978-7-5760-1510-2	42.00	2021 年 9 月
"六会"教学法：基于核心素养的课堂教学	978-7-5760-1522-5	42.00	2021 年 9 月

特色课程建设丛书

教师，生长的课程	978-7-5760-0609-4	34.00	2020 年 12 月
学校课程发展的实践范式	978-7-5760-0717-6	46.00	2020 年 12 月
丰富学习经历：如歌式课程的愿景与深度	978-7-5760-0785-5	42.00	2020 年 12 月
学科课程群设计方法	978-7-5760-0579-0	44.00	2021 年 3 月

学校美育课程的立体建构：菁华园课程的逻辑与框架

| | 978-7-5760-0610-0 | 36.00 | 2021 年 3 月 |

关键学习素养与学科课程设计	978-7-5760-1208-8	34.00	2021 年 4 月
学校课程设计：愿景建构与深度实施	978-7-5760-1429-7	52.00	2021 年 4 月
生长性课程：看见儿童生长的力量	978-7-5760-1430-3	52.00	2021 年 4 月
"慧阅读"课程：儿童视角	978-7-5760-1608-6	42.00	2021 年 6 月

诗意栖居的课程愿景：智慧岛课程的逻辑与深度

| | 978-7-5760-1431-0 | 44.00 | 2021 年 7 月 |

每一个孩子都是最重要的人：V–I–P 课程的内在意蕴与学科视角

| | 978-7-5760-1826-4 | 54.00 | 2021 年 8 月 |

给每一个孩子带得走的能力：井养式课程的旨趣与探索

| | 978-7-5760-1813-4 | 42.00 | 2021 年 10 月 |

指向核心素养的课程统整框架：I AM BEST 课程的学科之维

| | 978-7-5760-1679-6 | 48.00 | 2021 年 11 月 |